Dr. rer. pol. h.c. Peter Hartz

Mitglied des Vorstands der Volkswagen AG

Mit Wirkung vom 1. Oktober 1993 wurde Dr. rer. pol. h. c. Peter Hartz zum Mitglied des Vorstands der Volkswagen AG, Geschäftsbereich „Personal", Arbeitsdirektor, berufen. Hinzu kam die Verantwortung für die Region Südamerika/Afrika und den Bereich „Regierungsbeziehungen".

Peter Hartz wurde am 9. August 1941 in St. Ingbert/Saar geboren. Nach einer Ausbildung zum Industriekaufmann absolvierte er auf dem zweiten Bildungsweg ein Studium an der heutigen Hochschule für Wirtschaft und Technik, Saarbrücken, das er als Diplom-Betriebswirt abschloss.

In der Gruppe PONT-A-MOUSSON S. A., Werk Th. Jansen, Rohrbach, war Peter Hartz bis 1976 tätig, zuletzt als kaufmännischer Direktor.

1976 wurde er zum Mitglied der Geschäftsführung und Arbeitsdirektor der Röchling-Burbach Weiterverarbeitung GmbH, Völklingen, ernannt. Am 1. Oktober 1979 erfolgte seine Berufung zum Mitglied des Vorstands und Arbeitsdirektor der AG der Dillinger Hüttenwerke, Dillingen.

Die gleiche Funktion übernahm er im Juli 1986 in Personalunion bei der Saarstahl AG und im Juli 1989 bei der Holding DHS-Dillinger Hütte Saarstahl AG.

Peter Hartz wurde im November 1994 von der Universität Trier mit der Ehrendoktorwürde ausgezeichnet.

Dr. Peter Hartz ist verheiratet und hat einen Sohn.

2. Im Zentrum: Vermittlung und Beratung

Die Gewichtung der Aufgaben untereinander muss zugunsten der operativen Dienstleistungen Vermittlung und Beratung verschoben werden.

- Es müssen moderne Managementkonzepte wie Zielsteuerung und Programmbudgets eingeführt werden.

- Zugleich sind das Verwaltungsverfahren und die Verwaltungspraxis durch einen wirksamen Einsatz moderner Informationstechnologien zu straffen und von Doppelarbeiten zu befreien.

- In den operativen Bereichen müssen die Ermessensspielräume vor Ort gesteigert werden, um der Kreativität der Mitarbeiter Raum zu geben. Dazu gehört auch die Entwicklung einer Kultur der Verantwortungsfreude und Verantwortungsübernahme.

3. Organisatorischer Umbau

Gesteigerte Verantwortlichkeit und Entscheidungsfreude vor Ort setzen einen strukturellen Umbau der bisherigen Behörde zu einem modernen Dienstleister voraus. Erforderlich sind neben einem professionellen Exekutivvorstand eine stärkere Regionalisierung und Dezentralisierung von Verantwortung und Entscheidung, unternehmerische Strukturen bis hin zu den lokalen Einheiten und ein Überdenken der Aufgaben von Zentrale und Mittelinstanzen. Aufgaben, Struktur und Zusammensetzung der Selbstverwaltung sind wirkungsvoller und unter Vermeidung grundlegender Interessenkonflikte neu zu gestalten.

4. Zusammenführung von Arbeitslosen- und Sozialhilfe

Die Bundesregierung beabsichtigt in der nächsten Legislaturperiode, die Arbeitslosenhilfe und die Sozialhilfe für die erwerbsfähigen Sozialhilfebezieher zusammenzuführen. Die Kommission „Moderne Dienstleistungen am Arbeitsmarkt" soll dieser Reform nicht vorgreifen. Sie hat jedoch den Auftrag, schon jetzt Organisationsmodelle vorzulegen, die eine wirksame Zusammenführung in den Strukturen moderner Arbeitsmarktdienstleister ermöglichen. Dabei ist anzustreben, dass für alle arbeitsuchenden Menschen die erforderlichen Beratungs-, Vermittlungs- und Arbeitsförderungsleistungen sowie die Leistungen zur Sicherstellung des Lebensunterhalts im Rahmen eines „one-stop-center" gebündelt erbracht werden.

Job Revolution

Wie wir neue Arbeitsplätze gewinnen können

Job Revolution

Wie wir neue Arbeitsplätze gewinnen können

Peter Hartz

Frankfurter Allgemeine Buch

Die Deutsche Bibliothek – CIP-Einheitsaufnahme
Ein Titelsatz für diese Publikation ist bei
Der Deutschen Bibliothek erhältlich

Frankfurter Allgemeine Zeitung
Verlagsbereich Buch

© *Frankfurter Allgemeine Zeitung GmbH*
60267 Frankfurt am Main

Alle Rechte, auch die des auszugsweisen Nachdrucks, vorbehalten

Herausgeber: *Volkswagen AG, Wolfsburg*
Redaktion: *Dr. Helmuth Schuster*
Kerstin Düsing
Gestaltung/Satz: *Braincapital, Hannover*
Herstellung: *Druck & Beratung E. Schäfermeyer, Hanau*
Erste Auflage 2001

ISBN 3-89843-071-5

Inhalt

Der Autor

Peter Hartz, Dr. rer. pol. h. c., wurde am 9. August 1941 in St. Ingbert/Saar geboren. Nach Ausbildung zum Industriekaufmann und betriebswirtschaftlichem Studium begann er seine berufliche Laufbahn im kaufmännischen Bereich.
Seit 1976 ist er im Personalmanagement als Arbeitsdirektor tätig; zunächst in der Weiterverarbeitung, dann in der saarländischen Stahlindustrie.
Zum 1. Oktober 1993 wurde Dr. Peter Hartz zum Mitglied des Vorstandes der Volkswagen AG als Arbeitsdirektor berufen.

Vorwort

Die Zukunft liegt in unseren Händen. Arbeit entstand einst als Emanzipation des Menschen: Er entlockte der Natur ihre Geheimnisse und entfaltete ihre Kräfte zur Kultur. In der Moderne wurde die Arbeit zum Mittelpunkt der Zivilisation. In geschichtlicher Sicht und im aktuellen Bewusstsein der Menschheit ist die Rolle der Arbeitswelt für das Dasein kaum noch steigerungsfähig.

Nur einen kleinen Teil dieser langen Geschichte umfasst das Ringen um ihre Gestaltung. Kurze Arbeitszeiten, reduzierte Arbeitsbelastungen, Teamarbeit, flache Hierarchien, stetige Qualifikation zur Beschäftigungsfähigkeit, Arbeitsplätze als politische Priorität und Beteiligungsmodelle im und am Unternehmen – in den letzten 100 Jahren haben sich manche Träume der Arbeiterbewegung erfüllt. Von ihr gingen in dieser Zeit die wichtigsten Impulse zu einer humanen, fortschrittlichen Arbeitswelt aus.

Und dennoch hat die Diskussion um die Zukunft der Arbeit viel von der früheren Farbigkeit und Faszination eingebüßt. So wird das historische Modell kaum mehr entschlossen weiter gedacht, sondern der bisherige Forderungskatalog im Fortschrittsdialog einfach fortgeschrieben.

Doch die Zukunft befindet sich im Quantensprung. Wie Entfernungen heute ignoriert werden und die Welt zum globalen Arbeitsdorf zusammenschrumpft! Wie Geschwindigkeiten noch einmal zunehmen und bisherige Leistungen, Informationen und Produkte im Wochen- und sogar Stundentakt im Wert verfallen! Und wie Qualitäten und Maßstäbe sich noch einmal verschärfen und Überkommenes alt und unverkäuflich aussehen lassen! Zukunft hoch 3 lautet die Entwicklung, und nur die Arbeitswelt hat Zukunft, die in allen drei

Dimensionen noch einmal zulegt – sprich Entfernungen überwindet, Geschwindigkeiten beschleunigt und Qualitäten steigert.

Die Globalisierung hat längst nahezu jeden Arbeitsplatz erreicht, ob wir uns dessen bewusst sind oder nicht. Vorhandene Gefahren und Ängste nehmen wir gerade dann ernst, wenn wir die Globalisierung der Arbeitswelt als Gestaltungsaufgabe begreifen. Wir können uns jenseits von Grenzen und Kontinenten als gemeinsam verantwortlich verhalten. Es kommt gerade darauf an, die vernetzte Arbeit im globalen Dorf als Chance für eine humane Zukunft zu erkennen. Die Frage ist für uns deshalb, wie wir aus diesen Chancen neue Arbeitsplätze gewinnen können.

Im nachfolgenden Buch geht es um Veränderungen, die in diesen einleitenden Worten eine Spur zu kräftig beschrieben klingen. Dennoch handelt es sich um Ergebnisse vieler Überlegungen, Projekte und Erfahrungen aus den letzten Jahren. Es ist ein Buch, das aus der Praxis heraus geschrieben wurde. In Deutschland, aber auch in Belgien, Spanien (SEAT), England (Bentley) und Portugal besitzt der Volkswagen-Konzern Werke an bedeutenden westeuropäischen Standorten. Jedes dieser Länder hat seine eigene Tradition und seine eigene Arbeitskultur. Ähnlich stark ist VW in Zentral- und Osteuropa engagiert. Dort war nach dem Fall der Mauer die Transformation der Arbeitswelt an zwölf Standorten zu bewältigen, etwa in Sachsen, Tschechien (Skoda), Polen oder Ungarn. Aber auch in Asien, Nord- und Südamerika sowie in Südafrika ist der Konzern seit vielen Jahren eng mit der Arbeitskultur wichtiger Länder verbunden. Zusammengenommen ergibt sich daraus eine breite Basis, um Veränderungen zu bewerten.

Insofern hoffen wir, dass wir ein Buch voller Anregungen und Diskussionsstoff liefern. Seine Herkunft aus dem Bereich der Automobil-Industrie kann und will der Text nicht verleugnen. Das komplexeste und hochwertigste Konsumprodukt ist nach wie vor das Auto. Gerade deshalb und weil bei den Fahrzeugherstellern Technik und Servicekultur zusammentreffen, können Veränderungen in diesem Gebiet viel zur Erkenntnis des gesellschaftlichen Wandels insgesamt beitragen. Nicht zuletzt durch das Benchmarking, den intensiven Vergleich und den Austausch mit anderen Branchen, Wettbewerbern und Institutionen gewinnen die Aussagen Bedeutung über unser eigenes Unternehmen hinaus.

In den vergangenen Jahren hat Volkswagen mit seinen neun Marken, 43 Produktionsstandorten und 265 Gesellschaften ein weltweites modernes Human Resources Management aufgebaut. Entstanden sind daraus mehrere 100 Projekte, davon mehr als 40 international angelegt, um die Chancen der Innovation zu erkunden. In vielen Ländern konnten wir in die Diskussion der Sozialpartner Themen einbringen, mit denen Neuland betreten wurde. Die Erfahrungen waren ermutigend. Im Frühjahr 2000 veranstaltete Volkswagen einen großen Zukunftskongress, um bisher vernachlässigte Entwicklungsrichtungen und Diskussionsstränge zu erkunden. Leitgedanke der beschriebenen Aktivitäten war und ist, dass die Personalarbeit heute stärker als jeder andere Unternehmensbereich auf den Dialog angewiesen ist.

Bereits 1994 haben wir im Buch „Jeder Arbeitsplatz hat ein Gesicht" über die 4-Tage-Woche hinaus auf weitere Handlungsmöglichkeiten, nicht nur für Deutschland, aufmerksam gemacht. Wir benötigen mehr Fantasie als bisher, um neue Beschäftigungschancen zu finden und auf längere Sicht zu erhalten. Die Verantwortung dazu lässt sich auf einen Satz bringen: Jeder Arbeitsplatz hat ein Gesicht – und dieses Gesicht müssen wir der Personalarbeit immer wieder geben.

Die Insider wissen: Von der damals entwickelten Coaching-Idee für das Spitzentraining über die Flexibilitätskaskade der Arbeitszeitmodelle bis zu den Sympathiekreisen einer Beschäftigungspolitik haben sich viele Modelle inzwischen als Standard moderner Personalarbeit durchsetzen können. Wer Näheres nachlesen möchte, kann auf das Buch „Das atmende Unternehmen – Jeder Arbeitsplatz hat einen Kunden" zurückgreifen. Es ist 1996 erschienen, um ein fachliches Gesamtbild der neuen Ansätze zu liefern. Das atmende Unternehmen anerkennt den Kunden als entscheidend für jeden Arbeitsplatz.

Wie geht es weiter? Wir möchten neue Überlegungen zur Zukunft der Industriearbeit und Dienstleistung in einem größeren Rahmen präsentieren. Gleichzeitig haben diese Ansätze eine ganz praktische Bedeutung. Wir wollen bei Volkswagen für eine zukunftssichernde Phase der Unternehmensentwicklung neu durchstarten. Wie können wir uns aus dem Erfolg und unseren gewonnenen Spielräumen weit in die Zukunft reichende Chancen sichern? Die Zeit ist reif, Fragen der nächsten zehn Jahre aufzuwerfen.

Denn statt Stillstand werden wir in Europa und außerhalb unruhige Zeiten großer Veränderungen erleben. Die Job Revolution kommt. Das wird keine betuliche Entwicklung, die Job-Inhaber aus geschützten Positionen überleben könnten. Dramatisch wird sie für jeden, dessen persönliche Lerngeschwindigkeit und Beschäftigungsfähigkeit mit der Dynamik in den drei angesprochenen Dimensionen der Zukunft nicht mehr Schritt hält.

Wir möchten handeln. Und die Menschen sensibilisieren. Dieses Buch geht und zeigt neue Wege. Wir benötigen ein breiteres Bild, noch mehr Erfahrungen, mehr Meinungen und vor allem Vorschläge und Visionen. Werden Sie mit uns aktiv. Die beigefügte CD-ROM veranschaulicht viele der hier vorgestellten Ideen und erläutert sie aus einem anderen Blickwinkel. Und sie führt Sie auf unsere Dialogseite im Internet. Wir suchen die Auseinandersetzung mit Ihnen – werden Sie zu kritischen, kundigen und konstruktiven Verbündeten für eine menschliche Zukunft der Arbeitswelt. Schreiben Sie das Buch um, tauschen Sie Grafiken aus, schicken Sie uns Ihre Version der Zukunft. Trauen Sie sich, bisherige Deutungen und Lösungen hinter sich zu lassen. Was erwarten Sie hinter dem Horizont?

Wir sind auf Sie gespannt.

Zum Schluss ein Dank: An diesem Buch haben viele mitgewirkt, direkt und indirekt. Das internationale Personalteam des VW-Konzerns, vor allem aber die offene und diskussionsfreudige Belegschaftsvertretung rund um die Welt hat viele Fragen und erste Antworten beigesteuert. Ohne diese lebhafte Kooperationskultur wären zahlreiche Ideen, Projekte und Innovationen, die etwa auf der CD-ROM dargestellt werden, nicht möglich und machbar geworden.

Eine große Hilfe war mein stets antreibendes Redaktionsteam unter der fachlichen Betreuung von Helmuth Schuster und der organisatorischen Steuerung durch Kerstin Düsing. Auch Dirk van Hahnrath und sein kreatives Team von Braincapital haben uns sehr geholfen.

Ihnen allen möchte ich einen herzlichen Dank aussprechen.

Wolfsburg, September 2001

Zukunft³

2010 hat längst begonnen

Mehr als ein Jahrhundert lang stand die Frage, wie sich Arbeitnehmer vor sozialen Risiken besser schützen lassen, im Mittelpunkt der Gestaltung der Arbeit. Doch die Welt verändert sich in rasantem Tempo. Eine größere Chance, sich dabei zu behaupten, haben die Länder und die Unternehmen, die „loslassen"  können. Die Zukunft gehört denjenigen, die auf die Mündigkeit der Arbeitnehmer, ihre Kompetenz, Beteiligung und Lernbereitschaft setzen. Denn nur aus dieser Tatkraft, die eigene Zukunft selbst in die Hand zu nehmen, erwächst der Wert persönlicher lebenslanger Beschäftigungsfähigkeit.

Zukunft ist offen. Nur wenn wir handeln, eröffnen wir uns Chancen. Wir können unseren Möglichkeitsraum erweitern, Grenzen neu definieren. Aber wir dürfen den Bogen nicht überspannen: Wir müssen irreversible Konsequenzen ausschließen. Mit anderen Worten: Wir müssen Verantwortung für die Zukunft übernehmen. Eine humane Zukunft zu erarbeiten, zu erhalten und zu gestalten, das ist unsere wichtigste Verantwortung.

Das gilt auch für unsere globale Arbeitswelt. Das Jahr 2010 hat in gewisser Hinsicht schon begonnen. Über Entwicklungsvorhaben, Produktideen, Investitionen und Standorte wird heute die Grundlage für morgen gelegt. Wir wissen mehr, wir können mehr und wir wandeln uns schneller, als wir es je erahnen konnten – und als uns die Beharrungsdaten unserer Sozialgesetze, Tarifwerke und Arbeitsmarktzahlen anzeigen. Deswegen gehören viele gewachsene Überzeugungen auf den Prüfstand.

Es gilt, Vertrautes neu zu sehen und sich mit Neuem vertraut zu machen. Für die tiefste Sicherheit im Leben sorgt das Gefühl, einen unentbehrlichen Beruf zu haben. Hast Du einen Job, fragt die Oma den Bub, und meint, dann ist's gut.

Was ist unser Job? Pünktlich am Arbeitsplatz erscheinen? Jede Minute ein Teil einbauen, eine Akte abhaken? Chefs beglücken? Saure Pflichten erledigen? Geld verdienen?

Was könnte unser Job sein? Eine Leistung bringen. Ein Stück Gesellschaft verbessern. Durch Erfolg Arbeitsplätze sichern. Sich im Team engagieren, Spaß haben, leben. Durch gutes Geld persönliche Ziele verwirklichen.

Was wird aus unserem Job werden? Vieles wird bleiben und weiterhin wichtig sein. Doch eines wird sicher verschwinden: die fest umrissene Aufgabe, der feste Rahmen. Es kommen Jobs auf uns zu, die alles Bisherige über Bord werfen werden.

Drei Dimensionen der Zukunft

Wir befinden uns mitten in einer Job Revolution. Die Bedeutung von Entfernung, Geschwindigkeit und Qualität in unserer Arbeitswelt ändert sich rasant: **Zukunft³! Aussteigen zwecklos.**

Effizientes Management, mehrjährige Veränderungszyklen und zertifizierbare Normen gaben bisher unserer idealen Arbeitswelt Konturen. Doch Aufbruch zur Innovation, Tempo in Tagen und globale Wettbewerbsfähigkeit überrollen noch die perfekteste Fabrik und die gemütlichste Laubenkolonie der Arbeit. Der feste Arbeitsort mit Versetzungsbremse, das feste Einkommen mit Verdienstgarantien, der feste Beruf mit Abgruppierungsschutz, die lebenslange Treue und Disziplin, die eine automatische Versorgung im Alter ermöglichte – all das gab dem Job bisher Halt. Das wird Vergangenheit sein.

Wie wird die Job Revolution aussehen? Wir werden teils von zu Hause, teils im Betrieb, teils unterwegs und auf Reisen arbeiten; dank der neuen Kommunikationsmittel ist es nicht mehr so wichtig, wo wir gerade sind.

Wir werden verschiedene Einnahmequellen haben: Projekte, Programmentgelte, Zeitverträge, Gewinnbeteiligungen, Zeit-Wertpapiere, Aktienoptionen, Use-Sharing und mehr und mehr ROIs – Returns on investments ins eigene Humankapital.

Jobs werden zu Schnittstellen im Prozess heranreifen, betreuen temporär einen wichtigen Aspekt: manuell, mechanisch, elektronisch, kommunikativ und kreativ. Wir liefern Service, sichern den Prozessfluss, entwickeln, beraten, kaufen, verkaufen, motivieren – als Allround-Kompetenz für unsere jeweiligen Kunden. Und jeder ist Kunde, hat Kunden.

Und wir werden uns mehr um unsere zukünftigen Jobs kümmern müssen. Denn im neuen globalen Arbeitsmarkt kann jeder sie haben, leichter als bisher. Ob sie in Deutschland oder in Neuseeland ausgeführt werden, spielt häufig keine Rolle mehr. Selbstständigkeit wird selbstverständlich, Entfernungen sind unerheblich. Wettbewerber wie Wertschöpfungspartner sind zukünftig überall zu finden – in Toronto oder in Toyoashi.

Hier ist der ganze Mensch gefragt, mit seinen individuellen Möglichkeiten, seiner Offenheit, seinem Talent und seiner Leidenschaft, zu lernen, zu entdecken, etwas zu entwickeln und weiterzugeben. Es lebe der kreative Unterschied! Wir lassen den Taylorismus hinter uns!

Fortschritt durch Mündigkeit

Mündige Mitarbeiterinnen und Mitarbeiter erwarten Vertrauensarbeit mit einem hohen Grad an Selbstdisposition und -organisation. Wo diese Bedingungen nicht angeboten werden, wird die „alte Arbeitswelt" von Unternehmen und Ländern überholt werden, die ungebunden sind.

Monopole des Wissens und der Arbeitsorganisation werden deshalb fallen, Hierarchien in weit höherem Maße als heute schon abflachen. Die Definitionsmacht entgleitet Staaten, Behörden, Unternehmen, Gewerkschaften, Verbänden, Berufsgruppen oder Forschungseinrichtungen.

Die weltweiten Ressourcen Know-how, Kapital und Nachwuchs haben sich in den letzten Jahren mit einer Wucht außerhalb bestehender Organisationen und Märkte entwickelt, sie sogar zum Teil überholt und abgehängt, so dass schon von einer neuen Arbeitswelt der Selbstständigkeit gesprochen wird. Wer die Energie und Lerngeschwindigkeit in vielen, einstmals rückständigen Teilen der Erde aufspürt und wahrnimmt, wie die dort nachwachsenden Generationen die erste Welt auf der Überholspur passieren, weiß, wie sehr die großen Organisationsmächte der ersten Welt schon verlorenes Terrain verteidigen.

Und es geht weiter – die Welt wird komponierbar: Gene und Moleküle liefern das Design für die übernächste Produktgeneration. Bio- und Nanotechnologien erweitern die Revolution der Informationstechnologie zu einer neuen technischen Plattform für zukünftige Gesellschaften. Janus grüßt den Fortschritt.

Am Ende von E-Business und E-Commerce steht die weltweite Vernetzung der Wirtschaft – ein sehr viele Lebensvorgänge begleitendes Econet. Die Informationstechnologie wird unausweichlich, sich im Internet zu bewegen zur vierten Kulturfertigkeit nach Lesen, Schreiben und Rechnen. Jeder Arbeitnehmer, jede Arbeitnehmerin wird betroffen sein. Und viele wissen es noch nicht. Neue Möglichkeiten erscheinen am Horizont, Feuer für jede Fantasie.

Mitten im Leben – vom Kokon umschlungen?

Ein Tag im Juni 2000, der Himmel ist strahlend blau. Ohne zu warten, können wir die Halle betreten. Es ist dunkel. Eine Notbeleuchtung geleitet die Besucher eine große Treppe hinauf. Wohin nun? Dort hinten zeichnet sich schemenhaft ein Weg nach unten ab. Er führt im großen Bogen an schwarz verhangenen Wänden vorbei in einen Raum. Auf Bühnen wiegen sich Menschen hin und her, schleppen Müllsäcke oder schneiden Halme. Aha, Motive der Arbeit! Die Besucher ziehen weiter. Kaum jemand verweilt. Es wird heller. Informationstafeln,

Die Verrechtlichung des Arbeitslebens nimmt zu

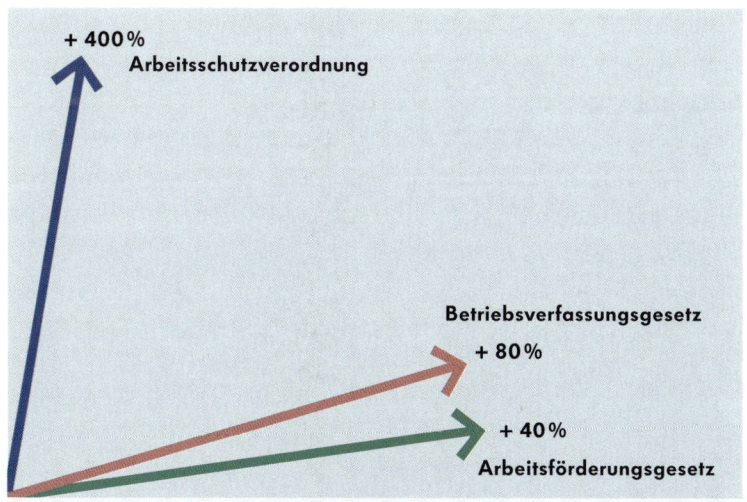

Zuwachs der Regelungsinhalte (in Form von Paragraphen bzw. des Umfangs) seit Entstehung der jeweiligen Gesetzgebung

Displays – viele schauen irritiert. Dann geht's wieder vorbei an freundlichen Hostessen. Das war der Themenpark „Zukunft der Arbeit" auf der EXPO 2000. Die Sonne blendet. Uns fällt nichts mehr ein.

„Schöne neue Arbeitswelt" – fällt uns wirklich nicht mehr ein? Packt uns bei diesem Thema wirklich nur das kalte Grausen? Schreckt uns die Molllage des Wortes Arbeit so sehr ab? Verbietet die sittliche Schwere der Arbeit als Fron und Strafe für den Frevel im Garten Eden noch immer leichtfüßigere Betrachtungen? Haben wir uns mit hunderttausend Paragrafen rund um die Arbeit einen regelrechten Kokon gezimmert, in dem die bunten Schmetterlinge verhungern? Eine Sammlung der einschlägigen Rechte und Regelungen für den Durchschnittsarbeitnehmer in der Bundesrepublik Deutschland käme leicht auf 2000 Seiten, gerade, als wäre dieser Durchschnittsarbeitnehmer ohne dieses Gerüst hilf- und schutzlos. Können so viele Paragrafen irren?

Um eine Zukunft der Arbeit zu sehen, benötigen wir zuallererst den freien Blick auf die gewaltigen Veränderungen, die schon unterwegs sind.

Neue Zeiten

Das 20. Jahrhundert stand im Zeichen der Arbeitszeit. Der Erste Mai wurde zum Symbol für die Einforderung des Zehnstundentages, seit 1918 des Achtstundentages. Mit der Weltwirtschaftskrise verbreitete sich Ende der 20er Jahre die Forderung nach der 40-Stundenwoche, 60 Jahre später kam die 35-Stundenwoche auf. Die 4-Tage-Woche bei Volkswagen in Deutschland und in Südamerika schließlich war eine humane Antwort auf Rationalisierung, Steigerung der Produktivität und Konjunkturbewegungen.

Und auch die Unternehmen kalkulierten Zeit immer strenger. Vom Stück- über den Akkord- zum Pensumlohn: Die Sekunden wurden ausgetaktet. Innerhalb engerer Spielräume galt es, die Zeit dichter zu nutzen. Gesetzgeber und Gewerkschaften versuchten zunehmend, Pausen und Erholzeiträume in die Arbeitstage und zwischen die Schichtwechsel zu integrieren. Sie wurden unfreiwillig zu Verbündeten der Zeitökonomie.

Von Taylor bis Toyota verfiel man zum Schluss in Abläufe, die bis in den einzelnen Griff festgelegt sind. Die Lichtschranke zeigt an, ob das richtige Teil aus dem richtigen Logistik-Körbchen gegriffen wird.

Vom Tabu zum Thema

Bisherige Einflüsse der Dienstleistungs- und Informationsgesellschaft ...
• *durchlaufender Betrieb*   • *liberalisierter Ladenschluss*   • *Telearbeit*
... auf unsere Beschäftigungsstrukturen
• *befristete Beschäftigung*   • *Arbeit auf Abruf*   • *Zeitarbeit*
Welche weiteren Tabus werden gebrochen?

Die Gegenbewegung blieb nicht aus. Das Zeitparadigma bröckelt. Arbeitszeitverkürzung mit vollem Lohnausgleich – diese Rechnung ging immer seltener auf. Auch die Verkürzung der Arbeitszeit konnte nicht verhindern, dass Arbeitsplätze unterhalb der Grenzkosten und Produktivität verschwanden. Eine weitere Rationalisierung oder die Verlagerung über die Grenzen waren die Folge.

Stand die Beschäftigung auf dem Spiel, waren neue Tarifmodelle gefragt. Tabus fielen reihenweise. Teilzeit, Telearbeit, Zeitvertrag, Zeitarbeit, Flexitime, Zeitbanking, Vollkonti, Work on Call, Wochenendarbeit, gelockerte Ladenschlusszeiten und andere „atypische Arbeitsformen" gehörten allmählich zur wahrgenommenen Wirklichkeit.

Um überhaupt im internationalen Wettbewerb mitbieten zu können, wurden längere Betriebslaufzeiten zum einzigen Heilmittel, um teurere Stundenkosten durch geringeres Investment bei höherer Nutzungszeit zu kompensieren. 8760 Stunden hat das Jahr – 1200 bis 1800 verbraucht ein Arbeitsplatz. Die Reserven sind enorm. Jeder Arbeitsplatz könnte bei diesem Stand vier- bis sechsmal genutzt werden. Mit der Flexibilitätskaskade (Schichten pro Tag, pro Woche bis zum ganzjährig durchlaufenden Betrieb) kann man die Reserve von 6000 Stunden über Schicht- und Wochenend-Modelle fast über Nacht abrufen. Flexibilität ermöglicht so eine mehrfach höhere Beschäftigungswirkung als etwa die nochmals verkürzte individuelle Arbeitszeit.

Mehr Beschäftigung durch flexiblere Arbeitszeitmodelle

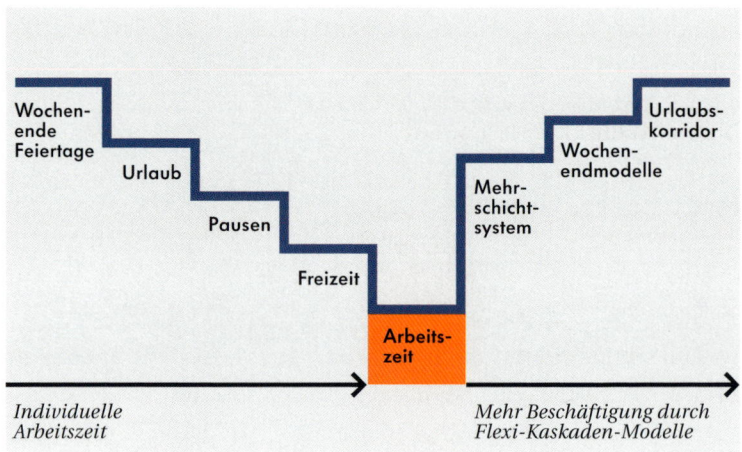

Ein weiterer wirtschaftlicher Riss ging durch das Fundament kurzer Arbeitszeiten. Der Anteil der Lebensarbeitszeit am Leben ist bereits unter 10 Prozent gesunken. 40 volle Jahre im Beruf mit durchschnittlich 1400 Stunden effektiver Jahresarbeitszeit bei 80 Jahren Lebenserwartung (mal 8760 Stunden pro Jahr) sind gerade einmal 8 Prozent des Lebens. Weniger ist kaum noch möglich, soll daraus immer mehr erwirtschaftet und erwartet werden. Kann die Leistung innerhalb dieser Grenzen noch weiter wachsen? Oder sind nicht ganz andere Ansätze gefragt: Wir meinen Ja!

Arbeitszeitsouveränität – das Ende der Arbeitszeiterfassung ist der erste Schritt zu einer neuen Mündigkeit: Zeiten selbst organisieren, statt Auftrag und Aufgabe abzuarbeiten. Vertrauensarbeit ist der zweite Schritt: Ziele setzen und Erfolg abfordern, statt Details zu planen. Die Revolution beginnt mit dem dritten Schritt: Arbeit wird neu definiert. Sie umfasst wieder ein ganzheitliches Stück Leben: lernen, produzieren, kommunizieren. Etwas bewegen!

Die gegängelte Arbeitszeit verlangte den Motivator, zum Beispiel den Vorgesetzten mit Unterhaltungswert. Damit Arbeit dennoch Spaß machte, führte der Taylorismus zur Fun-Factory. Die Motivatoren können jetzt gehen. Die zukünftige Arbeit bekommt den Movator. „Beweg etwas – du kannst es!" Der Unternehmer vor Ort nimmt das Schicksal seiner Beschäftigung mit in die Hand. Ihr oder ihm sagt niemand mehr, wo sie oder er im Wettbewerb steht. Diese Neudefinition der Arbeit wird ein beherrschendes Thema der Zukunft.

Neue Quellen

Seit Adam Smith den „Wohlstand der Nationen" verfasste, galt das Dogma, dass der Gewinn des einen der Nachteil des anderen am Arbeitsmarkt ist. Profit und Lohn schöpfen aus derselben Quelle – der Ware Arbeitskraft. Später haben Ökonomen das Bild ein wenig aufzuhellen getrachtet, indem weitere Produktionsfaktoren entwickelt wurden, die auch noch zu vergüten wären, zum Beispiel das Kapital. Jedem das Seine! Jeder erhält genau die Vergütung, die ihm aufgrund seiner Produktivität zusteht. Schon war die Welt in Ordnung.

Dennoch wird alljährlich hart um die Netto-Wertschöpfung einer Volkswirtschaft gerungen. Darunter versteht man alles, was an Gütern und Dienstleistungen unter Abzug aller Vorleistungen, insbesondere des Imports, Jahr für Jahr neu erstellt wird. Die Netto-Wertschöpfung entspricht der Summe aller Einkommen – womit wir eigentlich wieder bei dem Nationalökonomen Smith wären. Wenn also Jahr für Jahr um die Verteilung gerungen wird, dann einerseits für mehr Lohn als Basis der Kaufkraft und andererseits für Gewinne als Investitionssignal. Die Tarifparteien ermitteln die Kommastellen des Verteilungsspielraums – Inflation plus X versus Produktivität minus Y. Tarifkonflikte schreiben immer wieder neu die Vergangenheit ab, nur auf höherem Niveau. Aber die Zeit bleibt nicht stehen.

Die Entwicklung der Arbeitskosten internationaler Standorte

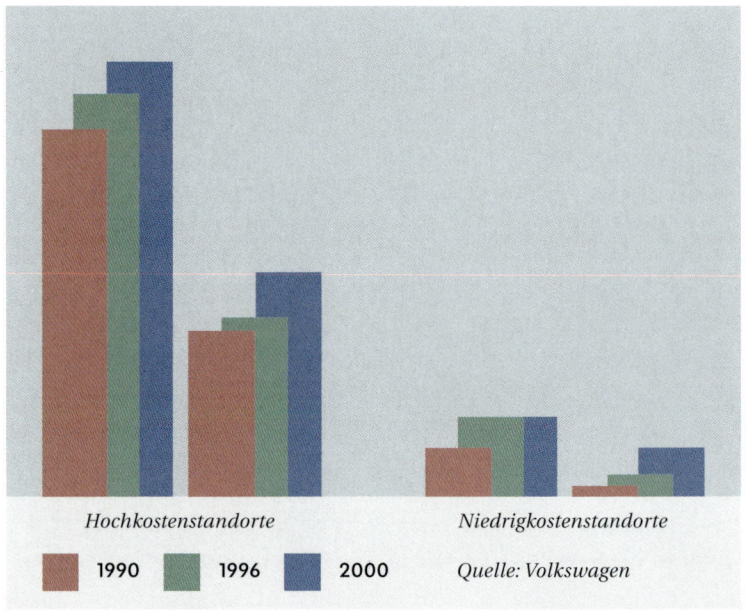

Hochkostenstandorte			Niedrigkostenstandorte
■ 1990	■ 1996	■ 2000	*Quelle: Volkswagen*

Ergebnis dieser Entwicklung ist der Status quo. Schonungslos hat die Globalisierung die Kehrseite der letzten Bastion nationalstaatlichen Denkens freigelegt. Die Abstände in den Arbeitskosten wachsen noch. Denn 1 Prozent Lohnzuwachs in Hochkostenländern wie Deutschland wiegt schwerer als 10 Prozent Anstieg in nachdrängenden Wettbewerbsländern. Und auch hinter denen jagen wieder andere hinterher. Die Produkte werden aber überall unter nahezu gleichen Bedingungen angeboten.

An der Dauerhaftigkeit der Kosten entscheidet sich, wie wettbewerbsfähig ein Arbeitsmarkt ist. Auf Dauer zu hohe Kosten führen zum Fortbrechen der Arbeitsplätze.

Nicht mehr Zuwarten der einen und Zuschlagen der anderen Seite darf es denn lauten, wenn es um die Verteilung geht. Vielmehr zählen Vorwärtsverteidigung und Erweiterung des Spielraums durch mehr Wertschöpfung und Wachstumsdynamik im Vorfeld jeder Verteilungsschlacht. Und dieser Erfolg entsteht in erster Linie durch Kostenverbesserung, Produktinnovation und Marktvorsprünge. Etwas ist entweder günstiger, besser oder kundennäher beziehungsweise eher verfügbar. Hohe Löhne können nachhaltig nur über Produktivität, Kreativität oder Kundenwert durchgehalten werden. Die Globalisierung entzieht irgendwann jedem wachsenden, dauerhaften Lohnvorsprung den Boden.

Nur über neue Quellen der Vergütung gelingt der Ausstieg aus diesem toten Rennen gegen die Realität. Ergebnisbeteiligungen, Programmentgelte, Zeit-Wertpapiere, Aktienpläne, virtuelle Benefits – das alles liegt auf dem Weg in die Zukunft und noch vieles mehr, auf das wir noch zurückkommen werden. Nicht dem Sockelsprung gehört die Zukunft, sondern einer neuen Variabilität. Die Zeit ist vorüber, wo aus einmaligen Jahresergebnissen dauerhafte Leistungen ad infinitum werden können. Im Ringen um neue Quellen versuchen wir den Erfolg der Vergangenheit zu überleben – jene Errungenschaften der Arbeitswelt, die für die Ewigkeit erdacht schienen.

Neue Generationen erkennen, dass sie nicht länger auf den Schultern früherer Generationen stehen können. Die aktuelle Diskussion der gesetzlichen Rentenreform in Deutschland belegt dies. Die jüngere Generation wird für ein niedrigeres Renten-Niveau mehr aufbringen müssen. Sie wird sich nicht mit Denkansätzen der 50er Jahre zufrieden geben. 1 bis 4 Prozent mehr sparen und dafür ein paar Sparzulagen erhalten, das ist kein Neuland. Alternativen wie etwa Pensionsfonds sind erst ansatzweise diskutiert worden. So wird es nicht bei dieser Rentenreform bleiben und noch manche andere Denkmäler sozialer Errungenschaften werden beiseite geräumt, ob sie nun den Zugang zu neuen Vergütungsquellen versperren oder den Blick auf echte Optionen verstellen.

Neue Impulse

Ein weiteres Paradigma der alten Arbeitswelt wird vielfach nicht mehr zu halten sein – das des starren Besitzstandes. Denn Neues tritt an die Stelle von Altem. Es ist eingeflochten in das Regelwerk der Arbeit. Erdienen von Anrechten durch Alter, Regelbeförderungen, Berufsschutz, Anerkennung von Abschlüssen, Abgruppierungsschutz, Verdienstgarantien bei Schichtwechsel, automatische Dynamisierung von Anwartschaften, IPC-Klauseln (Gleitautomatik nach Inflationsindex), Insolvenzschutz, Kündigungsschutz und viele weitere Arten des Besitzstandes existieren. Der wichtigste ist die faktische Unkündbarkeit von Tarifverträgen. Lohntabellen haben kein Verfallsdatum.

Ihnen zufolge unterliegt es einem fast eigentumsähnlichen Schutz, nicht schlechter behandelt werden zu können als bisher. Schon die betriebliche Übung kann Besitzstände auslösen. Zweimal Weihnachtsgeld ohne Vorbehalt gezahlt, das allein reichte, um einen Anspruch auch für die Zukunft zu begründen.

Historisch gesehen waren Besitzstandsregelungen die Türöffner für den Wandel der Arbeitswelt. Wenn sich niemand verschlechtern konnte, waren aus Arbeitnehmersicht die entscheidenden Gefahren abgewehrt. Neue Technologien konnten einziehen, Rationalisierungen durchgeführt werden, Umschulungen laufen, Versetzungen erfolgen – stets konnte das alte Gepäck in die neue Phase der Arbeitswelt mitgenommen werden.

Gleichzeitig halfen Besitzstände, ökonomische Lebensplanungen zu ermöglichen und Sicherheit in der Beziehung zwischen Arbeitnehmer und Arbeitgeber herzustellen. Und: Besitzstandsregelungen schützen Mitarbeiter gegen unberechenbare Arbeitgeber. „Sicherheit einlösen – Leistung auslösen" hat bei Volkswagen eine gute Tradition – und Erfolg gebracht.

Kann es angesichts des schnellen Wandels aber noch darum gehen, in die verborgenste Falte eines Regelwerkes zu schauen und den letzten Cent aus jeder Abweichung vom Normalen zu reklamieren?

Der Untergang ganzer Job-Generationen wird Besitzstände mitreißen und gemeinsame, neue Lösungen fordern. Wir werden daher wieder neu lernen müssen, zu fragen.

Was sind dauerhaft verkraftbare, nachhaltig vertretbare Kosten? Was kann also über Tarifprozente und andere Zusagen den Sockel für die Zukunft erhöhen, als Hypothek auf der Zukunft lasten? Ab wann wird aber der Sockelsprung zum Bocksprung in die Tiefe? Was muss, weil es an gute Jahre und einmalige Erfolge gebunden bleibt, variabel gehalten werden? Wo können Ergebnisse der Vergangenheit nicht für immer fortgesetzt werden – was muss also für Innovation offen bleiben? Was muss sich jede neue Generation erst wieder erarbeiten? Gibt es Stufen, Tempi und Modalitäten des Hineinwachsens in vorhandene Strukturen? Ist sogar ein Neubeginn mit neuen Strukturen immer wieder erforderlich? Was kann nur individuell durch eigene Wertschöpfungsbeiträge und Vorsorge gedeckt werden? Wo sollten kollektive oder gesetzliche Regelungen schweigen – wo bleibt ihre Permanenz gefordert? Welche neue Zumutbarkeit gibt es, die Unbequemlichkeit der Zukunft sportlich auszuhalten? Die Job Revolution wird viele Fragen stellen; die Antworten zeichnen sich allmählich ab.

Schutz bietet nur die Flucht nach vorn. Wer seine Beschäftigungsfähigkeit erhöht, sichert seine Zukunft. Wer an den Besitzstand glaubt, sollte schnell eine Bestandsaufnahme machen. Sicherheit behält ihren Wert, doch sie basiert vor allem in der Wahrnehmung unserer Chancen aus dem Wandel.

Neue Wertmaßstäbe

Und noch ein Bild ist längst brüchig geworden. Die in unsere Annalen eingebrannte Vorstellung von Industriearbeit als Ausbeutung hat sich in weiten Teilen verabschiedet. Industriearbeit ist knapp und begehrt. Hinter den meisten Arbeitsplätzen steht ein Millionen-Investment. Extreme Belastungen folgen eher aus Planungsfehlern denn aus Vorsatz. Mindeststandards fließen mittlerweile weltweit in neue Investitionen. Anspruch und Transparenz reichen aus, um die Arbeitsorganisation nach der „state of the art" zu planen. Ein Newcomer – eine neue Automobilfabrik in China, Polen oder Brasilien – würde beispielsweise eher Neid denn Kritik bei den „Oldcomers" auslösen. Geringere Standortkosten geben mehr Spielraum für Fortschritt als Fabriken in Hochkostenländern, die sich zu Grenzkosten halten.

In historischer Sicht sind manche Träume zur Fortentwicklung der Arbeit noch überboten worden – auch wenn die saturierte Traumfabrik Illusion bleiben wird. Moderne Arbeit beansprucht das Leben zu 8 Prozent, Teamarbeit und Workshops des kontinuierlichen Verbesserungsprozesses (KVP²) eröffnen Freiheitsgrade, Informationstechnologien und Mul-

Neue Jobs durch Dienstleistungen

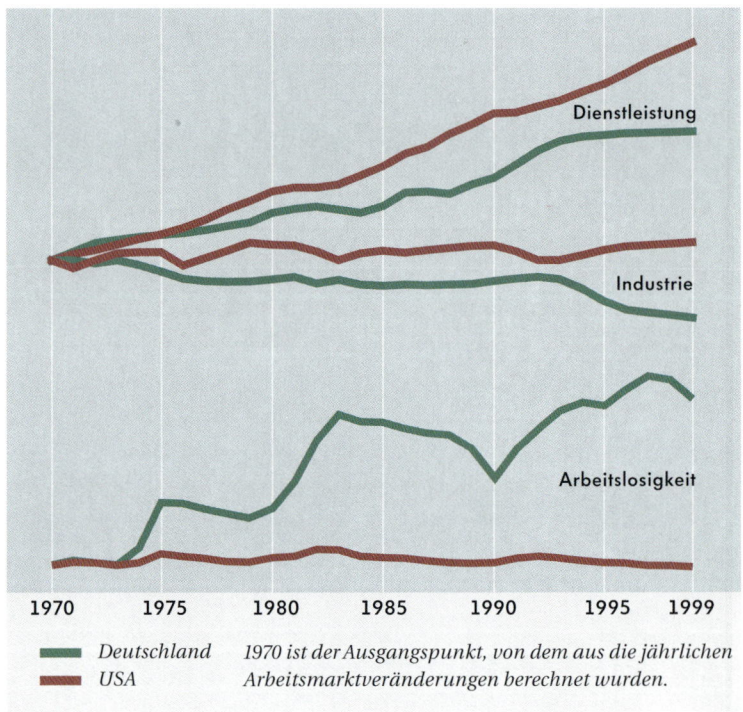

| 1970 | 1975 | 1980 | 1985 | 1990 | 1995 | 1999 |

Deutschland
USA

1970 ist der Ausgangspunkt, von dem aus die jährlichen Arbeitsmarktveränderungen berechnet wurden.

timedia überspringen Hierarchie und Isolation, Euro- und Weltbetriebsräte wachsen zusammen, neue Jobs fordern neue Lernformen. Der Produkt- und Dienstleistungswettbewerb der Zukunft orientiert sich nicht am Dumping, sondern an Spitzenleistungen. Wir müssen zur Höchstform auflaufen. Die Kurve zeigt nach oben, nicht auf einen Verelendungskurs zunehmender Belastungen und verschlechterter Arbeitsbedingungen. Anstelle des Paradigmas „Ausbeutung versus Schutz der Arbeitnehmer" benötigen wir ein neues Grundverständnis: die Chancen der Mündigkeit auf der Basis vereinbarter Ziele und Arbeitsbedingungen.

Horizonte

Woher kommen die neuen Jobs?

Die ganze Welt wächst zu einem Käufermarkt zusammen. Und das bedeutet: Die Kunden entscheiden über die Jobs. Kein Kunde – kein Job. Jobs können nur über neue und zusätzliche Kundenwerte generiert werden. Kein Kunde zahlt für die Kosten der Vergangenheit. Überall wachsen neue Wettbewerber heran. Wer nicht ohnmächtig der Globalisierung ausgesetzt sein möchte, muss sich aktiv um Beschäftigungsperspektiven kümmern. Und oft mit den klassischen Antworten brechen. Atmen – statt „heuern und feuern", intelligente Beschäftigungsformen, neue Vergütungssysteme, flexiblere Zeitmodelle und zusätzliche Vorsorgekapitale werden erforderlich. Es gilt, Beschäftigungsentwicklung zu gestalten statt passiv den Abbau von Beschäftigung zu beklagen.

Von wo brechen wir auf? Europa auf dem langsamen Marsch zur Vereinigung, Nordamerika zwischen Boom und Börsenfieber, Afrika als verlorener Kontinent, Asien in der Dauerkrise und Südamerika im Wechselbad von Hoffen und Bangen ...? Unser global village ist offenbar nicht in der besten Verfassung. Dennoch hat kein Jahrzehnt in den zurückliegenden 200 Jahren den Menschen mehr gemeinsame Perspektiven gebracht als unser letztes. Die Blöcke haben sich aufgelöst. Die Welt lässt sich im Tagestrip besuchen. Das Handy klingelt auf der chinesischen Mauer. Das Büro gibt es im Hosentaschenformat. Indische Jugendliche surfen in Bangalore durchs Internet. Die Welt ist zu einer einzigen Shopping Mall zusammengeschrumpft. Was das für unsere Arbeitsplätze bedeutet, zeichnet sich jetzt schon ab.

Die globale Job-Meile

Überall gibt es alles zu kaufen, kann alles produziert, finanziert und vertrieben, können Informationen und Know-how beschafft werden. Wettbewerbsstandards werden nicht mehr lokal oder national, sondern nur noch global entschieden. Jeder Job hat einen Wettbewerber.

Märkte sind zu Käufermärkten geworden. Nicht mehr Herstellkosten, Technik und Gewinnerwartung bestimmen einen Preis, sondern Käuferpreis und Kundenerwartung definieren unseren Spielraum. Das bewirkt die Umkehr im klassischen Unternehmerverhalten. Unternehmen können nur noch vom Markt her erfolgreich geführt werden. Im erfolgreichen Unternehmen sitzt der Kunde im Bewusstsein mit am Tisch – von der Produktdefinition bis zur Tarifverhandlung. Jeder Arbeitsplatz hat einen Kunden.

Die herkömmlichen Ankurbelungsinstrumente sind am Ende. Mehr Deficit spending – Anschub auf Pump, mehr Solidarausgleich – Transfer allerorten, mehr Subvention – Steuerschraubendrehen ... mehr Staatsquote für neue Arbeitsplätze: Das Ende der Fahnenstange ist irgendwann erreicht. Es sollte uns wieder bewusst werden: Jeder Job beruht auf Wertschöpfung.

Über den Kunden zum Job

Unsere Herausforderungen werden rund um den Erdball immer ähnlicher. Dafür bildet sich eine neue Erfolgsfigur heraus.

Der Weg zur Arbeit führt über den Kunden. Nur wer Wünsche eher als andere Anbieter erfüllt, Kunden durch Qualität, Preis, Innovation und Geschwindigkeit begeistert, ist konkurrenzfähig. Guter Wille wird immer weniger bezahlt, sondern die abgenommene Leistung. Nach dem Dienstvertrag geht jemand nach Hause, wenn die Zeit um ist. Auf den Arbeitsplätzen der Zukunft zählt die versprochene Leistung. Der Markt erwartet, dass man solange am Ball bleibt, bis man sie zur Zufriedenheit erledigt hat. Dieser Trend kommt, ob wir wollen oder nicht. Dafür benötigen wir neue Vertrags- und Beteiligungsmodelle. Diese Entwicklung hat weit reichende Konsequenzen.

Ein Beispiel aus der Zukunft? Ein frisch fabrizierter Bus verlässt das Consortium Modular nahe Rio de Janeiro. Der Busfahrer freut sich, mit dem Neuen erstmals am Strand von Ipanema zu halten. Damit er einmal gesehen wird und nicht wie Frank Sinatra leiden muss. Der Bus gleitet wunderbar dahin. Mit den Unterschriften und Telefonnummern aller, die ihn gefertigt haben. Sie wissen um den Kundenwert.

Eine Dame reinigt das Bad, richtet das Bett und rückt alles zurecht, was den Kunden beglückt. Ihr Auge ruht zufrieden im Raum. Da betritt der Gast sein Hotelzimmer. Souverän fragt ihn die Dame nach weiteren Wünschen. Spitzenservice als Selbstverständlichkeit! Wie funktioniert das? Dienen auf Augenhöhe zum Kunden! Dazwischen vielleicht ein Millionengefälle im Einkommen. „Ladies and gentlemen serve ladies and gentlemen", lautet deshalb das Motto der besten Dienstleister der Welt. Sie haben erkannt: Der Kundenwert beginnt beim Selbstwert; nur wer sich selbst achtet, wird jedem und jeder Einzelnen hohen Respekt entgegenbringen. Das ist es, was der Kunde honoriert.

Kundenwert Auto: Ein Passat erzielt in 10 Jahren eine kumulative Wertschöpfung von 100.000 €

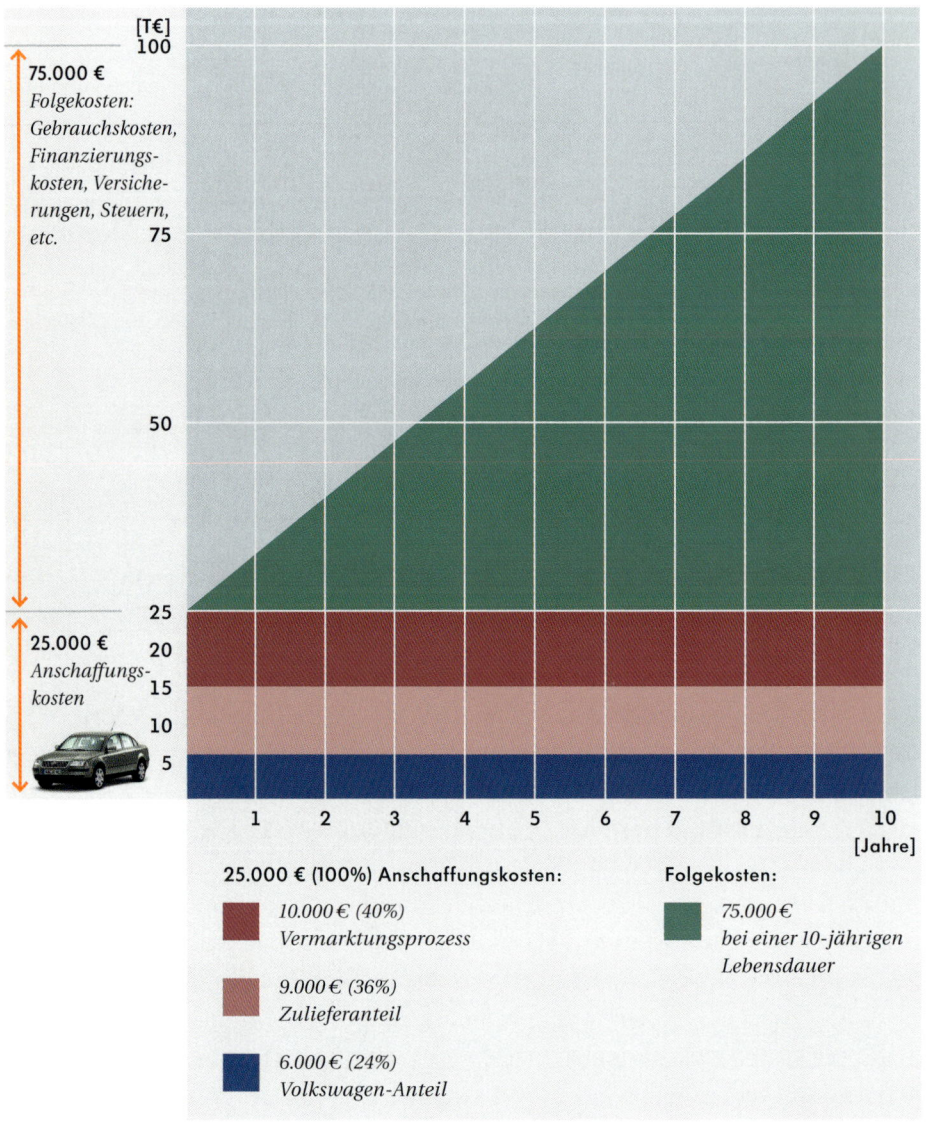

75.000 €
Folgekosten:
Gebrauchskosten,
Finanzierungs-
kosten, Versiche-
rungen, Steuern,
etc.

25.000 €
Anschaffungs-
kosten

25.000 € (100%) Anschaffungskosten:

■ *10.000 € (40%)*
  Vermarktungsprozess

■ *9.000 € (36%)*
  Zulieferanteil

■ *6.000 € (24%)*
  Volkswagen-Anteil

Folgekosten:

■ *75.000 €*
  bei einer 10-jährigen
  Lebensdauer

Unerkannte Job-Potenziale

Neue Jobs entstehen nur dort, wo der Blick auf diesen Zusammenhang gerichtet ist. Die mildeste Form des Kundenwerts ist die Kundenorientierung. Dann läuft es schon einmal in die richtige Richtung.

Das Potenzial des Kundenwerts zu erkennen, verlangt weit mehr. Der Kauf eines Neuwagens entspricht gerade einmal 25 Prozent des Kundenwertes, wenn man den Lebenszyklus des Fahrzeugs insgesamt betrachtet. Die gesamte Wertschöpfung addiert sich über die volle Nutzungszeit zum Vielfachen seiner Anschaffungsinvestition. Über 30 Prozent dieser Anfangsinvestition entstehen jenseits der Forschungslabors und Herstellungsfabriken auf dem Weg vom Finishband zur Auslieferung beim Kunden. Weit mehr als zwei Drittel des Arbeitsplatzpotenzials lägen demnach außerhalb des Blickfeldes, wenn nur über die Industriearbeit bei Produzenten und Lieferanten der Branche gesprochen wird.

Leben und Nutzung, Funktion und Design, Status und Umwelt, Accessoires und Unterhalt sowie schließlich Wiederverkauf und Recycling – das alles und mehr definiert den Kundenwert rund um ein Produkt. Massive Einsparungen bei Zulieferern oder die gravierende Reduzierung der Fertigungszeiten dürfen uns nicht darüber hinwegtäuschen, dass beim Automobil und bei anderen Technologiewerten Produktinhalt und Servicetiefe unablässig in Richtung eines höheren Kundenwertes wachsen.

Das Verkennen dieser Zusammenhänge ist eine der entscheidenden Ursachen dafür, dass wir in Europa bei vergleichbarer Wachstumsrate zum Beispiel im Verhältnis zu Nordamerika und Ländern Asiens kaum höhere Arbeitsplatzzuwächse verzeichnen können. Bei Dienstleistungen hängen wir weit zurück. Mangelnde Kundenorientierung nimmt uns sogar noch Wertschöpfung ab. „Weine nicht, wenn ein Kunde geht, wenn um die Ecke schon ein anderer steht." Die unbekümmerte Einstellung führt in einen Teufelskreis: unzufriedene Kunden, höhere Gewährleistungen, schlechteres Image, mehr Verkaufshilfen, schlechterer Wiederverkauf, unzureichende

Amortisation, niedrigere Kundenbindung, höhere Marketing-kosten ... Damit bindet fehlende Kundenorientierung Ressourcen, die der Entwicklung neuer Produkte und Arbeitsplätze entzogen werden. Halb verstandene, halb genutzte Produkte entfalten weder den Kundenwert noch das ganze Beschäftigungspotenzial.

Die Zukunft des Autos: vom Produkt zur Dienstleitung
Produkt- und Dienstleistungsdynamik
Geschäftsfeld-/Produktschnittstellen des Automobilbaus

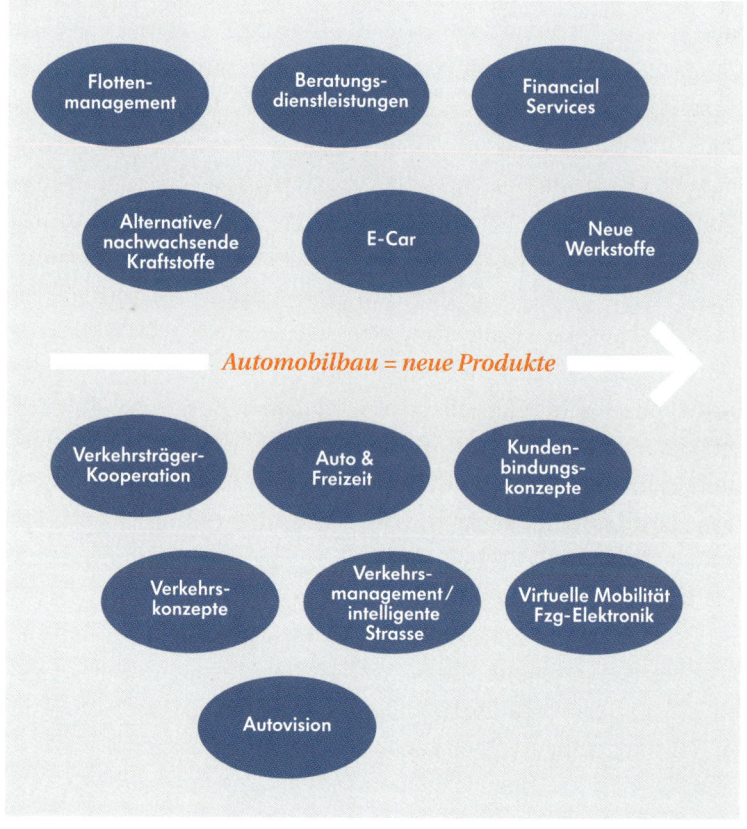

Neue Job-Kaskade

Wie können wir das Schwungrad in die andere Richtung drehen? Aufschwung statt Abschwung? Neue Job-Kaskaden? Über mehr Kundenwert, mehr Produkte und Märkte, mehr Kompetenzfelder und Standortpotenziale. Letztlich läuft es auf mehr Innovation hinaus. Neue Märkte und neue Maßstäbe kreieren neue Beschäftigungsschübe. Der Computer und die Telekommunikation schufen ganze Branchen. Ähnliches gilt für die Biotechnologie und die Nanotechnik. Aber auch klassische Produktionsfelder verändern sich von Grund auf.

Beispiel Auto. Moderne Elektronik mit vielen Steuergeräten wird den Kabelbaum ersetzen. Nur so kann über Airbag, ABS und EDS hinaus das Sicherheitsniveau erhöht, Multimedia, Navigationssysteme und Telematik zur Information und Verkehrssteuerung angeboten oder die Sensortechnik umfassend zur Abstandskontrolle eingesetzt werden. Die Elektronik-Kompetenz wird in Zukunft zu einem entscheidenden Wertschöpfungstreiber der Branche.

Ein anderer Zukunftstrend ist die Schaffung moderner Kundenwelten. Die neue Autostadt bei Volkswagen in Wolfsburg bietet Mobilität als Erlebnis, lässt Werte und Wissen sinnlich erfahrbar werden – ohne Auto. Die Automobilmanufaktur Dresden integriert den Käufer in die Vollendung seines persönlichen Fahrzeugs. Das Spitzenprodukt soll zum Event werden. Sich ihn zu gönnen, lässt vielleicht das Geld vergessen.

Mit diesen neuen Kundenwelten sind Tausende neuer Arbeitsplätze verbunden.

Fünf vor zwölf

Ein enormer Umbruch steht uns noch bevor. Studien zeigen, dass selbst in den führenden Industrieländern noch zwei Drittel der Produkte und Dienstleistungen von Alttechnologien zehren, die zumeist vor zehn oder noch mehr Jahren entstanden. Wir wollen den Kunden von morgen ansprechen, aber, so könnte man überspitzt formulieren, wir tun nichts dafür. Wir laufen somit auf eine hohe Welle des Strukturwandels zu. Die Unsicherheit steigt. Denn hier muss in Potenzialen und Zuwachsraten gedacht werden, die den Investoren und Innovatoren Zuversicht abverlangen. Neue Jobs entstehen mit neuen Kundenwerten. Der Innovationszyklus gerät von der Produktsensation zum Kundensensorium. Wenn Produkte zu früh abstürzen oder Wettbewerber zu Benchbreakern werden, müssen Prozesse beschleunigt werden können. Baukastensysteme helfen, Innovationen in der Breite einer Produktpalette schneller durchzutragen und für Kunden verfügbar zu machen.

Mit klassischen Antworten brechen

Ein neuer Zugang zur Zukunft gelingt nur, wenn wir bereit sind, mit klassischen Antworten zu brechen. Und neue Antworten finden wir nur, wenn wir schon anders fragen. Wenn wir in Südamerika an zwei Standorten mit 20.000 Mitarbeitern für 4000 keinen Bedarf mehr haben, weil Markt und Rationalisierung nicht mehr hergeben, wäre eine Entlassungswelle die finale Antwort. Doch die klassische Frage lässt sich umkehren: Wie machen wir aus 16.000 Jobs 20.000 Beschäftigungsverhältnisse? Die VW-Lösung aus Europa einer 4-Tage-Woche überzeugte letztlich auch hier. Das Modell beinhaltet sehr viel Know-how, das in dieser Kurzformel kaum aufblitzt. Über eine Zumutbarkeitskurve entgeht es praktisch überall der oberflächlichen Ansicht, es ließe sich nur auf hohem Lohnplateau umsetzen. Es funktioniert auch in Brasilien.

Die Einflussgrößen auf die Konzernbelegschaft

Beschäftigungserfolg 1994–2000:	**Neue Informations- und Dienstleistungsgesellschaft**
• Über 5 Mio. Fahrzeuge • 324.000 Mitarbeiter/ Mitarbeiterinnen	• Mehr Kundenwert • Neue Kompetenzfelder

Zusätzliche Produkte	+ 17.000
Flexible Beschäftigung/Atmende Arbeitszeit	+ 10.000
Neue Werke	+ 15.000
4-Tage-Woche (Deutschland/Brasilien)	+ 30.000
Neue Marken und Gesellschaften	+ 40.000

Neue Jobs aus neuen Bindungsformen

Wenn man einmal das volle Gestaltungspotenzial von 8760 Stunden jeden Jahres ins Visier nimmt, entwickeln sich fast von selbst neue Bindungsformen, mit einer Variationsbreite vom Fulltime-Job über Stafettenmodelle und Blockbeschäftigungen über bedarfsorientierte Zeitarbeit, die Teiljobs zu neuen, ganzen Beschäftigungsverhältnissen zusammensetzen, bis hin zur virtuellen Beschäftigung, die zusätzliche Quellen der Finanzierung heranzieht. Stiftungen könnten Überbrückungen bündeln, wenn denn die Vermeidung von Arbeitslosigkeit als gemeinnützige Wohltat gelten würde.

Mehr Jobs aus dem Jahr

Nach sieben Jahren Erfahrung mit dem „atmenden Unternehmen" an über 40 Standorten in aller Welt kann gesagt werden, dass sich mindestens 90 Prozent der Beschäftigungsprobleme kostenorientiert lösen lassen, ohne zu entlassen. Die Hälfte des Beschäftigungszuwachses von 1995 bis 2000 mit über 70.000 neuen Stellen im VW-Konzern konnten wir durch stärkere Nutzung der 8760 Jahresstunden realisieren. Warum soll nicht im Grenzfall mit 21 Schichten rund um die Uhr gearbeitet werden? Schließlich ist dies nur eine Frage der intelligenten Verteilung der Arbeit auf mehr Köpfe. Warum soll nicht mit einem Plus-Minus-Konto zwischen Wochen, Monaten und Jahren die Arbeit getauscht werden? Die Bezahlung bleibt gleich – atmen statt hire and fire.

Beschäftigungsfähigkeit einziger Job-Garant

Nur wenn unsere Leistungs- und Wandlungsfähigkeit einen Spitzenplatz einnimmt, können wir Hochkosten überleben. Dazu muss aber die Einsicht reifen, dass wir zu mehr als nur zu vereinzelten, isolierten Spitzenleistungen fähig sein sollten. Unser Humankapital muss insgesamt wachsen.

Wie können wir aufschließen, überholen oder Spitze werden? Für die Beschäftigungsfähigkeit zukünftiger Job-Generationen kommt es auf die Wechselwirkung zwischen hervorragender Breitenarbeit, einem größeren Potenzial an Talenten und dem Vorbild der Spitzenleistung an. Nur so lässt sich eine Beschleunigung der Kompetenzbildung erreichen. „Die Spitze zieht – die Breite schiebt". Dieses Motto aus unserem Coaching-Ansatz hat nichts an Aktualität verloren. Schärfere Qualitätskriterien lassen frühzeitig auf breiter Front das Niveau im Nachwuchs wachsen, um eine erstklassige Talentbank für Spitzenleistung zu bekommen. Aus den Kundenwerten der Zukunft entwickeln wir die Kernkompetenzen, aus den Talentschmieden ihre Gestalter und Entwickler.

Job-Familien als Job-Fabriken

Wie entstehen also neue Arbeitsplätze? Aus neuen, produktiven Rahmenbedingungen in Betrieb und Gesellschaft. Zum Beispiel durch Job-Familien, die an die Stelle scharf von einander abgegrenzter Berufsbilder treten und in denen persönliche Bindungen die Bündelung von Wollen, Wissen und Werten begünstigen, die ein Milieu schaffen, in dem persönlicher Antrieb, vitale Befruchtung und innovatives Können den Aufbruch zu neuen Ufern forcieren. Job-Familien, die breiter angelegt sind und mehr Chancen bieten, könnten verhindern, dass Menschen allzu früh in ihrer beruflichen und mentalen Entwicklung aufs Abstellgleis geraten. Das Thema verdiente eine ausführlichere Behandlung; hier genügt vorerst der Hinweis, dass Job-Familien wichtige Kreativnetze sind. Sie werden entscheidend für das Verständnis größerer Kompetenzgemeinschaften, deren bekanntestes Beispiel das Silicon Valley ist. Durch Clusterbildung von Kompetenz und Engagement in einem Unternehmen, zwischen Unternehmen, zwischen vielen Institutionen einer Region oder auch international lassen sich Humankapital-Schübe auslösen.

Möglichkeitsmacher

Es muss wieder zumutbar sein, hart an eigenen Beiträgen zur Verbesserung und Lösung im Nahbereich zu arbeiten. Die Erwartungen aller Beteiligten müssen auf den Prüfstand. Jeder und jede wird sich bewegen müssen, um die eigene Beschäftigungsfähigkeit zu behaupten. Funktionale, materielle, soziale und mobile – viele Zumutungen wird es geben. Qualifikationen verfallen, Erfolgsquellen versiegen, Sicherungsnetze verschwinden und Arbeitsorte wechseln! Eine Gesellschaft, in der kaum jemand mitzieht, wird aus Beharrung arbeitslos.

Neue Handlungskorridore erlauben Anpassungen statt Entlassungen. Vergütungssysteme, Zeitmodelle, Vorsorgekapitale können den Spielraum erweitern und den Jobs die Langfristperspektive zurückgeben. Die Adaption moderner Finanzprodukte auf die Arbeitswelt steckt voller kreativer Potenziale. Wir werden noch Beispiele vorstellen.

Clustern heißt der überspringende Funke zum Feuerwerk neuer Jobs. Das Geheimnis der AutoVision werden wir lüften. Forward Steering holt entfernte Jahre 2005-2010 mitten hinein in die Gegenwartsentscheidungen. Projets nennen Historiker die großen geschichtlichen Orientierungen, die Menschen Mut gaben, einen vordergründig erfolglosen, dann im Rückblick sich aber als revolutionär erweisenden Weg zu gehen. Historische Leitgedanken, die zum Beispiel der Lösung der sozialen Frage überragende Bedeutung zuschrieben, ließen Generationen von Politikern und Fachleuten am Ausbau der gesellschaftspolitischen Sicherungsnetze arbeiten. Weder der erste Buchdrucker noch die ersten Eisenbahngesellschaften noch Automobilfabrikanten oder Flugzeugerfinder wurden reich. Gutenberg starb ebenso verarmt wie Otto Lilienthal. Große Ideen und Sinnfragen geben den Mut für Entscheidungen, die sich vielleicht erst übermorgen „rechnen". Was aus ihnen wird, ist nicht immer vorhersehbar. Modewellen können flach sein und sich rasch totlaufen. Entwicklungen können sich aber auch zu großen Job-Wellen aufschaukeln, getragen von der Vision, die eine neue Epoche ankündigt. Die Wirtschaftlichkeit hat in der Frühzeit neuer Technologien nie über deren Fortbestand entschieden. Das Engagement für die Idee hat ihnen die Unternehmer und Talente zugetrieben, die sie in Märkte, Produkte und Erfolge verwandelten.

Und nicht zuletzt benötigen wir eine neue Job-Moral, in der sich die Menschen nicht nur als Inhaber ihrer Arbeitskraft verstehen (sozusagen als Shareholder ihrer Human Assets), sondern die Verantwortung für ihre Beschäftigungsfähigkeit übernehmen, also sich als „Workholder", als Bewahrer und aktive Entwickler ihrer Chancen und Arbeitsplätze verhalten.

Grenzen

Die Ein-Zehntel-Gesellschaft

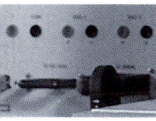 *Die auffälligste Veränderung der letzten 100 Jahre ist der Rückgang des Anteils der Erwerbsarbeit am Leben von fast 40 Prozent im Jahr 1900 auf heute unter 10 Prozent. Eine Grenze ist erreicht. Dieser Strukturwandel hat weit reichende Konsequenzen. Eine neue Zumutbarkeit wird unvermeidlich und mit gestiegenem Wohlstand auch erwartbar. In der Ein-Zehntel-Gesellschaft kann die Frage, wann, wie, wo und mit welchem Einsatz gearbeitet wird, ganz anders beantwortet werden als früher. Um unseren Wohlstand ausbauen zu können, sind produktivere Modelle zur Erwerbsarbeit erforderlich.*

Die Basis unserer Wertschöpfung ist immer weiter ge-
schrumpft. Haben unsere Vorfahren um 1900 noch 30 Prozent
ihres Lebens der Arbeit gegen Lohn widmen müssen, waren
dies vor 50 Jahren nur noch 20 Prozent. Heute liegt der Wert
unter 10 Prozent.

Wir sind eine „Ein-Zehntel-Arbeitsgesellschaft" geworden.
Unser Selbstverständnis von der Arbeitswelt kokettiert allerdings mit dem Gegenteil. Fragen wir nach, behaupten allzu
viele: Noch nie war Arbeit so anstrengend wie heute. Die Er-
klärung ist einfach. Unsere Bezugsrahmen und unsere Ansprüche wachsen mit. Deshalb kann es uns umso schlechter
vorkommen, je besser es nach Faktenlage ist.

Die historische Strukturveränderung zur Ein-Zehntel-
Gesellschaft ist die eigentliche Job Revolution dieses Jahr-
hunderts – und sie ist vollkommen unbekannt geblieben. Die
Zahl erntet ungläubiges Staunen. Wahrscheinlich ein Rechen-
fehler ...?

Die Entwicklung der Lebenserwerbstätigkeit in Berufsjahren

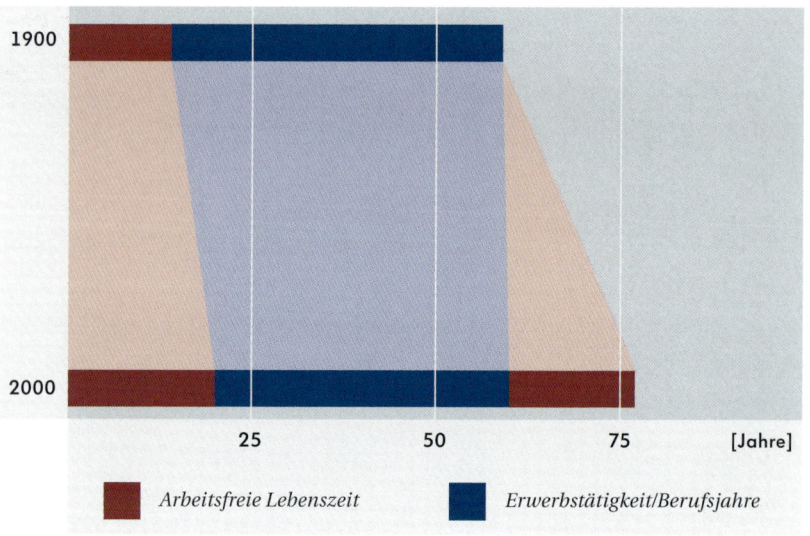

Die Lebenserwartung stieg um fast 20 Jahre, wir verbrin-
gen ungefähr zehn Jahre weniger im Beruf, und die Jahresarbeitszeit nahm durch längeren Urlaub, kürzere Wochenar-

beitszeiten und großzügigere Freistellungen einfach ab. Bei einer Lebenserwartung von 700.000 Stunden oder 80 Jahren und 40 Berufsjahren mit weniger als 1500 Stunden Jahresarbeitszeit sinkt der Anteil Erwerbsarbeit am Leben auf unter 10 Prozent.

Dieser Wandel schlägt auf beinahe unser gesamtes Sozial- und Tarifsystem durch. Er zwingt zu Blickveränderungen.

Umwertung der Werte

Was geschieht mit den Erkenntnissen aus der Arbeits- und Industriesoziologie der letzten 30 Jahre, auf die wir uns in der Personal- und Tarifpolitik immer noch stützen, wenn der Anteil Erwerbsarbeit am Leben so stark schrumpft? Müssen wir nicht Deutungsmuster und Erklärungstraditionen überprüfen, die nicht mehr passen, wenn sie nur noch eine statistische Relevanz für 10 Prozent des Lebens haben, heute aber fast für das Ganze genommen werden?

Die Arbeitswelt der Zukunft wird wahrscheinlich nur noch 5 Prozent des Lebens als Leben im organisierten Betrieb deuten können. Arbeit als betrieblich verfasste Organisation von Tätigkeiten unter fremdem Dispositionsrecht, mit fremden Arbeitsmitteln und in fremden Arbeitsräumen hat als Grundfigur für die Jobs der Zukunft mehr und mehr ausgedient.

Die Diskussion in Wissenschaft und Politik muss sich wieder auf die Rücknahme der Arbeit in die Gesellschaft einstellen – wertschöpfen, lernen, kommunizieren, entwickeln und vermarkten, dies alles findet wieder mitten in der Gesellschaft in neuen Bindungs- und Integrationsformen statt. Der klassische Blick auf die letzten 5 bis 10 Prozent Arbeit unter dem Fabrik- oder Bürodach als Nabel der Welt geht fehl. Entfremdung, Verschleiß und Benachteiligung – die großen Motive für Humanisierungs-, Gesundheits- und Förderungskonzepte im Betrieb werden auch zu Themen, die außerhalb der Arbeit fußen und auch dort abzuarbeiten wären.

Dies soll niemanden abhalten, Nötiges zu tun, und Fehlentwicklungen nicht miniaturisieren. Die Grundfakten und -festen der Arbeitswelt haben sich aber so dramatisch verschoben, dass nur die Anerkenntnis dieser Wirklichkeit hinreichend für das sensibilisiert, was auf uns zurollt.

Dies eingestanden, kommt man leicht zu einer anderen Bewertung der Dinge – unterhalb von 10 Prozent kann sich der Rahmen wieder weit öffnen, der einst für 30 und 40 Prozent Beanspruchung der Lebenszeit durch Erwerbsarbeit als Schutzmodell entwickelt worden war. Müssen Arbeitszeit, Pausen, Nachtarbeit, Samstage und viele andere Zeiten noch haarklein vorgegeben werden? Können Mündigkeit und Variationsvielfalt nicht ganz anders gehandhabt werden als früher? Ist nicht das physische Belastungsargument in die zweite Reihe getreten, muss jetzt nicht einfach das Werk, das Programm, das Projekt, die Lösung oder der Vertriebsabschluss im Vordergrund stehen? Erfordern die 10 Prozent Lebensarbeitszeit, aus denen 100 Prozent Leben zu finanzieren sind, nicht eine ganz andere Ergiebigkeit der Leistungen und Systeme? Hier sind die Anforderungen fast bis zur Überlastung klassischer Versorgungs- und Unterhaltssysteme gestiegen.

Die Entwicklung der Lebensarbeitszeit seit 1900

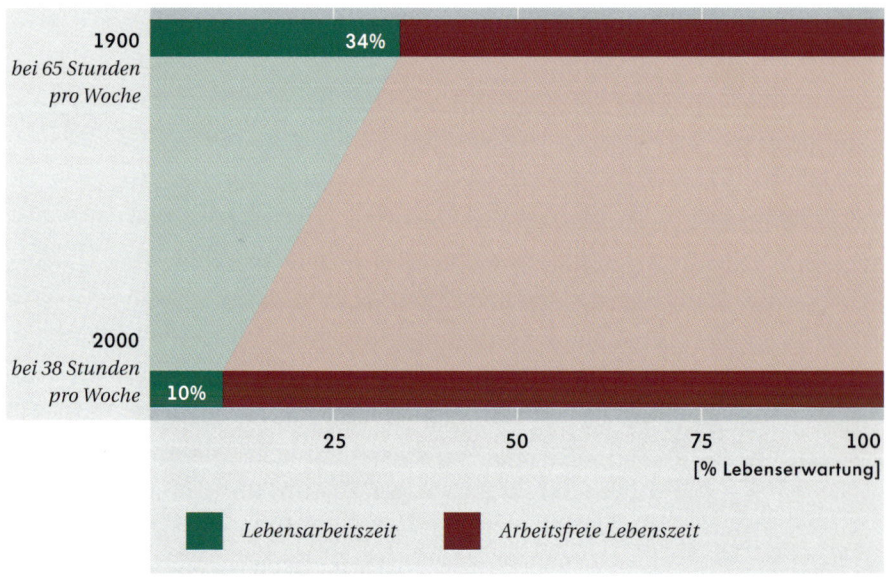

Dies hat zwei Gründe:

– Zum einen steht nur ein Teil dieser 10 Prozent für die Wertschöpfung effektiv zur Verfügung. Die so genannten Off-Standards – die Differenz zwischen bezahlter und in Produkt umgesetzter Zeit – betragen 20 Prozent und mehr. Bezahlte Pausen, Krankheitszeiten, Weiterbildungs- und Erziehungszeiten, aber auch Leer- und Stillstandszeiten reduzieren den erzielten Wirkungsgrad.

– Zum anderen wurde das aus dieser Wertschöpfung oder Dienstleistung erzielte Einkommen immer stärker für die Finanzierung gesellschaftlicher Aufgaben, sozialer Sicherung und von Unterhaltsleistungen herangezogen.

Die Abgabenquote liegt inzwischen bei über 40 Prozent der Löhne und Gehälter. Hinzu kommen die gesetzlichen Lohn-

Wieviel Erwerbsarbeit im Leben zu leisten ist – die 10 %-Gesellschaft international

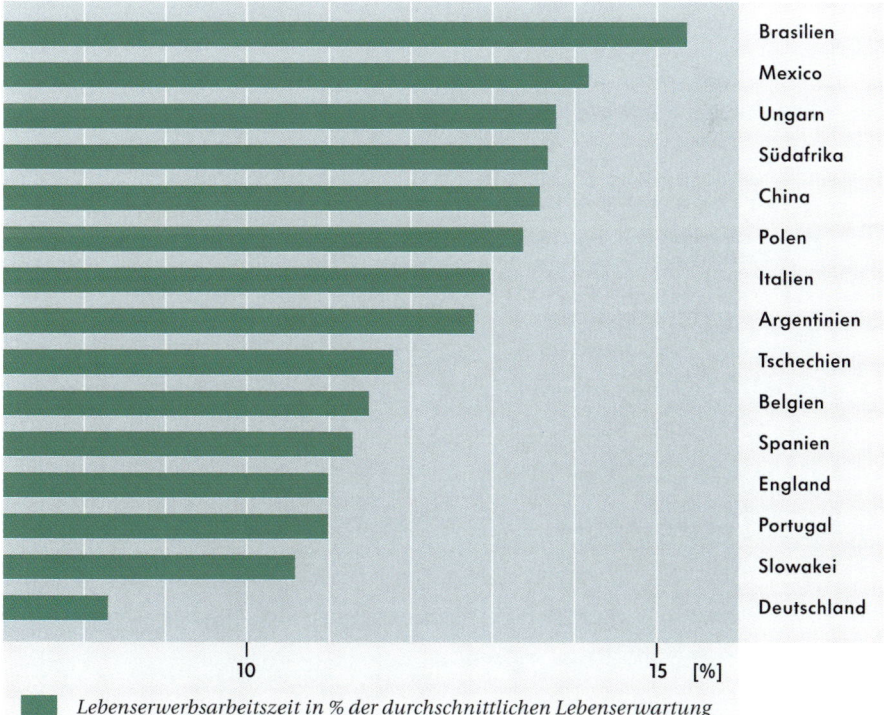

Lebenserwerbsarbeitszeit in % der durchschnittlichen Lebenserwartung

nebenkosten, die der Arbeitgeber trägt, die aber letztlich ebenfalls aus der Arbeitsleistung erwirtschaftet werden müssen. Zusammenfassend lässt sich kalkulieren, dass ein durchschnittlicher Arbeitnehmer faktisch nicht mehr als 5 Prozent seines Lebens für den eigenen Lebensunterhalt und den seiner Familie arbeitet.

Es ist ersichtlich, dass die Belastungsgrenze erreicht ist und sich fast zwangsläufig Gegenbewegungen ergeben. Aus noch weniger lässt sich eben kaum noch mehr abzweigen!

Die Reform der sozialen Sicherung ist in fast allen führenden Industrienationen unvermeidlich. Neue Lohnnebenkosten können nicht mehr auf diesem Niveau vorgesehen werden. Daraus erklärt sich der Widerstand der Unternehmen gegen nachhaltige Zusatzkosten und ihr Versuch, Zuwächse abzuschwächen.

Ergiebigere Systeme

Unausweichliche Konsequenz ist, dass alle Systeme, die auf 10 Prozent Erwerbsarbeit aufbauen, dem gleichen Effizienzdruck unterworfen sind wie die Arbeit selbst. Auch sie müssen aus weniger mehr machen.

Betrachten wir zunächst die sozialen Sicherungssysteme, finanziert über Umlagen aus dem aktuellen Einkommen der Arbeitnehmer. Seit den 50er Jahren stieg die Belastung des Arbeitnehmereinkommens für den gesetzlichen Sozial- und Transferhaushalt um das Dreifache, während der Anteil Arbeit am Leben um zwei Drittel zurückging.

Man kann auch feststellen: Die Stundenproduktivität der gesetzlichen Leistungssysteme ist leider kaum gewachsen beziehungsweise ihre Wirkungsverbesserung wurde durch zusätzliche Leistungsversprechen kompensiert. Zum Teil finanzieren die Systeme auch den größeren Anteil „Nichterwerbsarbeit" am Leben. Längere Ausbildungszeiten und höhere Lebenserwartung sind zwei Beispiele dafür. Rücklagen konnten zwangsläufig nicht aufgebaut werden. Eine Kapitaldeckung möglicher Ansprüche existiert nur für die private Versicherung von Lebensrisiken. Das Operieren an der Be-

Pensionsfonds – Rendite statt Beiträge

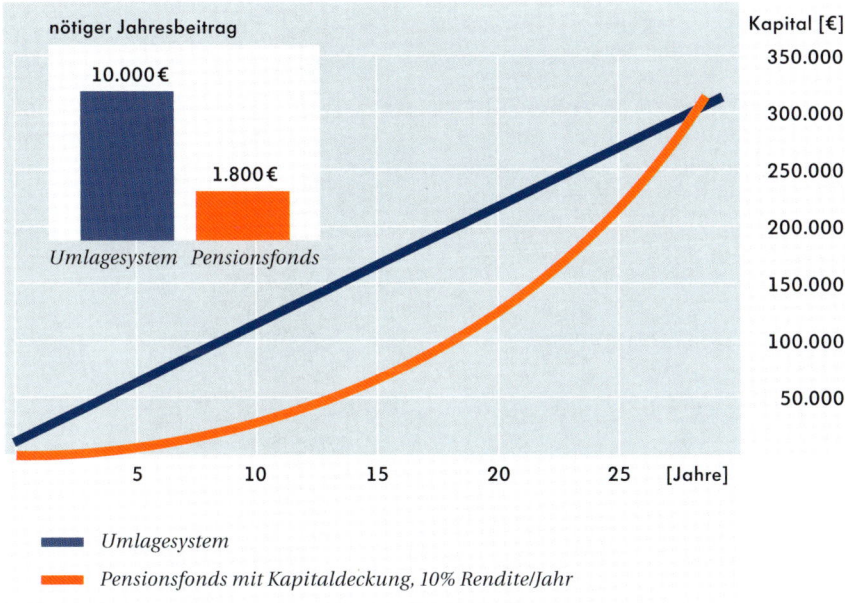

Umlagesystem

Pensionsfonds mit Kapitaldeckung, 10% Rendite/Jahr

lastungsgrenze verstärkt zudem die prozyklische Wirkung der Sicherungssysteme: hohe Beiträge bei schwachem Arbeitsmarkt, niedrigere bei sehr guter Konjunktur.

Nur durch einen Switch in ergiebigere Systeme lässt sich dieser Trend auffangen oder umkehren.

Um 300.000 Euro Kapital für einen Rentenbaustein zu finanzieren, müsste in einem Kapitaldeckungsmodell mit der historischen Durchschnittsrendite angelsächsischer Pensionsfonds von über 10 Prozent ein Jahresbeitrag von 1800 Euro 30 Jahre lang angespart werden. Im Umlagesystem wären nahezu 10.000 Euro, also das Fünffache, notwendig. Durch geschickte Kombination von Umlage- und Fondsmodellen ließe sich trotz halbiertem Beitrag das historische Leistungsniveau halten.

Entsprechend könnte auch ein Teil der Arbeitslosenversicherung und der Krankenversicherung kapitalgedeckt werden. Es entstünde neben der umlagefinanzierten Basissicherung ein Anreiz, durch „Investitionen" in die eigene Beschäftigbarkeit und Fitness den Kapitalstock zu mehren und gleichzeitig zu wissen, dass dieses Kapital bei einem Schicksalsschlag sofort zur Verfügung stünde. Vermutlich würde die persönliche Verantwortung einen besonders sorgsamen Umgang mit den Rücklagen fördern, zudem könnten durch Kapitalbildung die Reserven gesteigert und damit auf höhere Beitragssätze verzichtet werden. So ließen sich Spitzenbelastungen entschärfen.

Soziale Sicherungssysteme entstanden aus dem Fürsorge-Gedanken. Sie waren eng auf Bedürftigkeit beschränkt und schlossen häufig den Rechtsanspruch aus. Mit dem Anspruchs- und Anrechtsmodell entstand ein Dauerrangeln um Leistung und Nicht-Leistung. Angesichts des fehlenden Wirkungsgrades der Systeme wurden breitere Abdeckung der Bevölkerung und höhere Kosten pro Fall und Kopf zwangsläufig durch Entfall von Leistungen sowie immer engere und kompliziertere Verordnungen kompensiert und die Beitragsschraube nach oben gedreht. In Zukunft wird man nicht mehr um neue Management-, Finanzierungs- und Beteiligungsansätze herumkommen. Effizienz, Ergiebigkeit und Eigeninitiative sind unverzichtbar für alle Lösungen in der 10-Prozent-Gesellschaft.

Neue Zumutbarkeit und Beschäftigungsfähigkeit

Eine neue Zumutbarkeit wird unvermeidlich, aber auch möglich. Bei 1100 bis 1800 Leistungsstunden, die im Jahr abgefordert werden, bleiben rund 7000 Stunden frei. Wann, wo und wie Arbeit gestaltet wird, kann dann nicht mehr nach den engen Schemata der Vergangenheit beurteilt und geregelt werden. Wir benötigen ein neues Selbstverständnis – überspitzt könnte man sagen: Diese verkürzte Zeit kann gerannt, gerackert und auf Biegen und Brechen geleistet werden. Damit wäre die Brücke zur wirtschaftlichen Nutzung von Betriebsmitteln und Anlagen geschlagen, denn mit der entsprechenden Einstellung und flexiblen Einsatzmodellen ließe sich eine Jahresnutzung von 6000 bis 7000 Stunden erreichen. Am Ende dieser Entwicklung kann und wird ein neuer Kompromiss stehen – souveräne, eigenverantwortliche „Vertrauensarbeit" in Verbindung mit der Einhaltung übernommener „Ziel-, Projekt- und Programmvereinbarungen".

Die neue Zumutbarkeit hat auch ein materielles Element. „Ich kann beitragen." Durch diesen unscheinbaren Satz öffnet sich eine neue Dimension der Zukunft. Das Lösungspotenzial wächst enorm. Beitrag nach Zumutbarkeit heißt: relative Teilhabe an Opfern ebenso wie an Erfolgen. Wenn es wirtschaftlich nach unten geht, tragen diejenigen, die am besten vergütet werden, am meisten bei (zum Beispiel bei der 4-Tage-Woche durch die degressive Kurve der Einkommenseinbuße). Wenn es nach oben geht, wächst der Zuwachs wiederum bei denen stärker, die den Erfolg nach vorne ziehen.

Zumutbarkeit muss dann aber auch zugemutet werden dürfen, wenn diese Balance der Gerechtigkeit stimmt. Wer beispielsweise ein Arbeitsverhältnis verliert, dann aber eine Chance auf ein unbefristetes Arbeitsverhältnis ausschlägt, nur weil es lediglich 200 oder 300 Euro mehr Entgelt als Arbeitslosengeld erbringt, kann keine Nibelungentreue der Solidargemeinschaft erwarten. Zumutbar wird vieles in der 10-Prozent-Gesellschaft. Das Potenzial zur Senkung der Lohnnebenkosten und zur Verminderung der Arbeitslosigkeit ist noch nicht gehoben.

Zumutbarkeit gehört zu den zentralen Begriffen für die Gesellschaftspolitik der Zukunft. Jeder kann bei sich anfangen und nach seinen Möglichkeiten beitragen – überbrücken, strecken, befristen und auf der Zeitachse gestalten, neue Maßstäbe, Bewertungen und Überschriften finden. Wichtig ist, dass wir verstärkt über veränderte Erwartungen sprechen.

Zumutbarkeit ist die Rückseite des Leistungsprinzips. Wenn der Erfolg da ist, muss nach Leistung und Anteil bemessen werden. Setzt der Misserfolg ein, gilt die Regel der Zumutbarkeit. Wer im Erfolg, in der Karriere und beim Glück vorne ansteht, hat sich dann auch mehr gefallen zu lassen, wenn der Rückwärtsgang eingelegt wird. Denn mit dem Wohlstand sind die Spielräume für zumutbare Lösungen gewachsen. Außerdem darf eine Gesellschaft die Belastungsbereitschaft des Einzelnen nicht beeinträchtigen, denn der Beschäftigungswandel fordert ihm immer mehr ab.

Zumutbarkeit und Beschäftigbarkeit sind die Eckpfeiler jeder Zukunftsgestaltung unserer Sozialsysteme. Derzeit können wir ein Ungleichgewicht beobachten: Während die Zumutbarkeit wächst, schrumpft die Beschäftigbarkeit. Tag für Tag verliert die Beschäftigungsfähigkeit des Einzelnen an Boden. Lernkurven werden steiler, Qualifikationen verfallen schneller, Anreize greifen seltener, Physis und Psyche halten irgendwann nicht mehr mit. Ein Teil des Nachwuchses findet erst gar keinen Anschluss – seine Grundgeschwindigkeit bleibt unter der Schwelle zum Take-off.

Andererseits – es ist zumutbar, sich Sprachen selbst anzueignen, IT-fit zu werden, sich im Internet bewegen zu lernen, fachlichen Anschluss zu halten, mobil zu bleiben und den Blick für Perspektiven zu schärfen. Niemand sonst kann und wird es richten. Man verliert einfach den Anschluss und irgendwann, wenn Wahlen, Dienstleistungen, Arbeitsinstrumente und Alltägliches nur noch aus dem Internet geholt und genutzt werden, ist man out. Ein Analphabet.

Durch Zumutbarkeit und Beschäftigbarkeit verliert die 10-Prozent-Gesellschaft an ihren Rändern diejenigen, die sich im Hochleistungssystem der letzten 10 Prozent Arbeit nicht mehr halten – halten können oder wollen.

Umso größere Integrationsanstrengungen sind erforderlich, aber auch ein Einstellungswandel, der den Eigenbeitrag für die persönliche Beschäftigungs-, Entwicklungs- und Vorsorgeperspektive zur Selbstverständlichkeit macht. Letztlich kann sich das Hochleistungssystem nur durch einen weiteren Sieben-Meilen-Schritt auf dem schmalen Grat der 10-Prozent-Gesellschaft halten, indem Mitarbeiter zu Mit-Unternehmern werden.

Motivation

Unternehmer(in) sein, kann jede(r)

Märkte überwanden Entfernungen, halfen, dass Produkte und Dienste aus aller Welt für den Einzelnen erreichbar wurden. Technologien übersprangen die Zeit. Prozesse verliefen schneller und effizienter, sie ermöglichten Massenproduktion und Massenkonsum. Geschwindigkeit wurde zur Produktivkraft. Beide Dimensionen prägten den erfolgreichen Unternehmer. Doch mehr und mehr wächst eine dritte Dimension heran: emotionale Qualität. Sie ist untrennbar mit der Individualität und Emotionalität des Einzelnen verbunden. Erfolg haben wird nur noch derjenige, der in die differenzielle Wahrnehmung des einzelnen Kunden gelangt und ihn für sich einnimmt. Eine solche Qualität muss gelebt und erlebt werden. Nur Mitarbeiter, die sich als Mit-Unternehmer verstehen, entwickeln diesen starken Kundenbezug.

Wer treibt die neuen Jobs, wer schlägt aus ihnen langfristiges Beschäftigungs- und Einkommenskapital? Ich, du, Sie – wir. Wir sind die Value Driver der Zukunft. Wir suchen die Zukunft der Arbeit, und dies wird eine Abenteuerreise.

Exkurs über Unternehmertum

Abenteuer beginnen beim Überschreiten des persönlichen Horizonts. Für den jungen Goethe war es die Bootsfahrt auf dem Main von Frankfurt nach Hoechst. Hinter dem Bolongaropalast lockte der Äppelwoi, der das Wort beflügelte. Für den Weimarer Geheimrat war es die Reise nach Italien – mit der Hochgeschwindigkeitskutsche. Oft lag er im Gras, zeichnete die Gegend und machte sich dann auf den Weg, um zu Fuß seine Kutsche wieder einzuholen.

Vom wandernden Handwerker über die Kutschenmanufakteure und Thurn-&-Taxis-Postillione bis zu den Handelscompagnien, Seefahrern und Auswanderern: Überall schien der goldene Job hinter dem nächsten Horizont zu liegen. So entstanden im Gefolge aber auch die ersten großen Unternehmen. Gigantische Reichtümer türmten sich über die Burgen und Kathedralen hinaus. Der Unternehmer war als historische Figur geboren. Mit der Dimension Entfernung, die zu Kapital wurde, dem Markt als Medium und dem Antrieb Besitz.

Später erleuchteten andere Abenteuer die Zukunft. Wirkung in der Zeit, aber auch die Grenzen der Zeit forderten heraus. Agrochemie ließ den Weizen schneller keimen, Kraftwerke trieben Maschinen an, Eisenbahnen wurden von Automobilen und Flugzeugen im Rausch der Geschwindigkeit übertrumpft, und schließlich entstand das global village der Telekommunikation. Schnelligkeit wurde zu Kapital. Ihre Faszination hielt 150 Jahre lang die Jobs in Atem. Es war eine Reise an die Grenzen von Physis und Physik. Mit der Technik als Medium und dem Fortschritt als Antrieb.

Heute geht die Reise in die dritte Dimension der Zukunft – Qualität. Der Horizont hinter dem Tauschwert und der Funktionalität, hinter dem Dreiklang von Dauer, Richtung und Geschwindigkeit lockt. Bereiche jenseits unserer zweidimensionalen Koordinatensysteme des Wollens und Könnens, jenseits der begrenzten Zweckrationalität öffnen sich. Wir springen auf eine dritte Achse im Raum der Möglichkeiten: Emotionalität. Was fühlen wir? Hinter dem Begriff Qualität steckt die Suche nach den Grenzen der Empfindung. Emotion wird zu Kapital.

Wer bisher Gültiges, Geglaubtes, Erlebtes, Machbares, Wahrnehmbares, Gefühltes oder Denkbares noch einmal überschreiten kann – der schafft einen neuen Wert, erzeugt Qualität als ultimatives Entertainment. Es wäre falsch, diese emotionale Qualität unter den alten Begriffen wie preiswerter, funktionaler oder schneller abzuhandeln.

Nur wer neben perfekter Technik und perfektem Timing auch diese dritte Achse bedient, kann Jobs und Werte generieren. Perfekte Qualität heißt aber: Der Maßstab wird immer weiter verschoben – ein anderer Weg, ein anderes Produkt, eine andere Mode, eine andere Anmutung, ein anderes Image, die Differenz zu allem Vorhandenen als Wahrnehmungskitzel unter Haut und Hirn. Bei diesem Kampf um neue Kunden öffnet sich der Horizont bis zum Abgrund: Hohes und Rohes droht. Die Setzung ethischer Grenzen ist gefordert, damit nicht am Ende alles zählt, um in die differenzielle Wahrnehmung des Kunden zu kommen. Doch der Trend bleibt: Das Menschliche und das Allzumenschliche liefern den Schlüssel zum Erfolg.

Wir benötigen Individualität

Qualität heute bedeutet Individualität. Massenkonsum kam über den Preis, Massenproduktion über die Technik. Doch Emotion lebt vom Einzelnen. Sie muss den Kunden persönlich treffen, und sie bedarf des Unverwechselbaren, des Innovativen vom Anbieter her. Nur durch die Fantasie, das Weitertreiben der Human Resources entsteht der hier notwendige Feinschliff des Geschmacks, der Empfindung und der Begeisterung.

Sein oder Nichtsein bei den Jobs der Zukunft, nicht allein humanistische Traditionen lassen Menschen als Individuen so wichtig werden.

Diese Frage verstärkt die Suche nach ergiebigeren, leistungsfähigeren Systemen für die 10-Prozent-Gesellschaft. An der Aufgabe, das menschliche Potenzial, die Kreativität und Erfindungsfreude noch einmal zu steigern, wird sich das Überleben der Unternehmen entscheiden. Nur wo die Menschen

Die moderne Arbeitswelt bewirkt einen Paradigmenwechsel

Von 300.000 Mitarbeitern und Mitarbeiterinnen ...

zu 300.000 Mitunternehmern und Mitunternehmerinnen.

ihre unternehmerische Tatkraft dafür erkennen und einsetzen, gelingt der emotionale Vorsprung vor dem Kunden.

Fit, fähig, flexibel und jetzt auch noch fantastisch – wir sind auf dem Weg vom atmenden zum eventiven Unternehmen!

Die Jobs der Zukunft leben von der Inszenierung. Des feinen Unterschieds wegen: Design, Farbe, Haptik, Geruch und Ton sollen die Sinne fesseln, Erlebnisse den Kunden an das Unternehmen binden.

Dies Individuelle und Authentische vermitteln nur Mitunternehmer und Mitunternehmerinnen dem Kunden.

Die Hälfte der Zukunft den Frauen!

Wir benötigen Frau und Mann. Wenn Vertrauensarbeit die alten Bande von Wertschöpfung, Kommunikation und Lernen aus engen Zeitplänen löst, wenn Telearbeit mit dem Hosentaschen-Büro Kopf und die Fantasie, nicht aber das Sitzfleisch am Arbeitsplatz beansprucht und wenn schließlich Individualität und Flexibilität die Lebensgestaltung erweitern, werden Mann und Frau neue Formen der Partnerschaft und der Verbindung von Job und Familie finden können und müssen.

Schon heute wird in den entwickelten Ökonomien mehr als die Hälfte der höheren Bildungsabschlüsse von Frauen erworben. Unter den Unternehmensgründern befinden sich in vielen Ländern, zum Beispiel den USA, in der Mehrzahl Frauen. Im Management vieler Branchen sind sie auf dem Vormarsch, in Fachberufen schon deutlich in der Mehrheit, zum Beispiel im Medien- oder Ärztenachwuchs.

Seit mehr als zehn Jahren sammelt Volkswagen Erfahrungen mit der Frauenförderung. Vieles ist möglich: flexible Arbeitszeiten bis hin zum Schichtmodell für Alleinerziehende in der Produktion oder gezielte Ansprache auf Fach- und Führungspositionen durch ein Mentoring-Programm. Die Berufswahl kann durch Informationen vom „Girls Day" (Töchter begleiten ihre Eltern an den Arbeitsplatz) über Mädchen-Technik-Tage bis zu Schnupperkursen und Praktika unterstützt werden. Die Verbindung von Beruf und Familie kann erleich-

Vereinbarkeit von Erwerbs- und Familienarbeit

Elternkurse

Telearbeit

Ausstieg mit
Wiedereinstellzusage
5 Jahre

Pilotprojekt
*„Väter und
Familienarbeit"*

Individuelle
Arbeitszeitmodelle/
Teilzeit im Rahmen
15–30 Stunden pro Woche

Spezifische
Arbeitszeitmodelle für
Alleinerziehende
in der Fertigung

Bedarfsorientierte
Kinderbetreuung

Programm Qualifizierter
Wiedereinstieg

Teilzeit-Börse

Zeitsouveränität

tert werden. Volkswagen garantiert fünf Jahre Ausstieg mit Wiedereinstellzusage in der Erziehungszeit beziehungsweise im Erziehungsurlaub, ermöglicht auch während dieser Zeit Kurzeinsätze und begünstigt insgesamt die Rückkehr. Die Unterbrechung wird in der Altersversorgung und bei anderen Leistungen berücksichtigt. Besondere Qualifikationsangebote stärken das Netzwerk der Frauen und eine offensive Grundhaltung: vom Outdoor-Training über Selbstverteidigungslehrgänge bis hin zu Frauenkooperations-Seminaren und Schulungen zu besonderen Themen, etwa bei Leistungseinschränkungen. Auch die „Väter-Aktivierung" als Gegenstück gehört dazu, wenn neue Rollen gefragt sind. Mehr Spielraum für Väter heißt der Staffellauf, bei dem Volkswagen sich auf die Marathonstrecke hin zu einem veränderten Selbstverständnis wagt. Werdende Eltern werden zu Workshops eingeladen, um mit professioneller Unterstützung ihr individuelles „work & life balance"-Modell gestalten und realisieren zu können. Im Gleichstellungsaudit lassen sich Betriebe und Abteilungen des Unternehmens an den Maßstäben für eine neue Partnerschaft messen. Auseinandersetzungen, Mobbing oder sexuelle Belästigung am Arbeitsplatz werden nach einer Vereinbarung zum partnerschaftlichen Verhalten abgearbeitet. Sensibilisierung von Vorgesetzten, Betriebsräten und Personalbetreuern runden dieses Konfliktmanagement ab.

Unternehmerisches Verhalten vor Ort lässt eine „unsichtbare Mauer" oder eine „gläserne Decke" unausgesprochener Werte, Seilschaften, Rituale und Ausgrenzungen nicht mehr zu. Wenn Hierarchie abgebaut und Selbstverantwortung aufgebaut wird, verhindern Transparenz und Offenheit jedes Mauscheln hinter den Kulissen.

Der Erfolg von morgen wird mit anderen Mitteln erzielt. Die Hälfte der Menschheit dabei übergehen zu wollen, halbiert die unternehmerische Energie und zerstört die Wurzel unternehmerischer Verhaltenskultur – das persönliche Engagement, Initiative mit Herz und Hirn.

Unternehmerisches Verhalten:
Erfolg – Verantwortung – Qualität

Begeben wir uns auf unsere Abenteuerreise! Die Dimension der Qualität verlangt, innere Horizonte zu überschreiten.

Wir starten im vertrauten Land der Ratio. Unternehmerische Vernunft trachtete zunächst einmal nach Erfolg. Sie setzte eine am Ergebnis orientierte Verantwortungsethik gegen die Gesinnungsethik. Denn ihre zugespitzte Auslegung, der Zweck heilige die Wahl der Mittel, erwies sich als menschenverachtend. Die schlichte Erfolgsethik, die nur aus vorhandenen Mitteln das Optimum herausholen will, stach demgegenüber als letztlich humanere Variante hervor. Sie gestattet einen Konsens über Ziele, die Anteilnahme der Mitarbeiter und ihre Beteiligung am Erfolg. Im gesinnungsethisch gebundenen, etwa sozialistischen Betrieb ist das alles überflüssig, weil von vornherein festgelegt ist, dass alles der Menschheit diene und aus diesem Grund die Anbindung an einen noch ausstehenden Erfolg unterbleibt. Die Erfolgsethik setzt sich aber Maßstäben aus und bleibt damit offen, kritik- und korrekturfähig.

Unternehmerische Ratio in Betrieb und Dienstleistung, übernommen von Mitarbeitern, verlangt mehr als nur den

Die Arbeitswelt von morgen

Von der flexiblen Arbeitszeit in der Firma ...

zur Vertrauensarbeit in der Firma, zu Hause oder überall.

Konsens zwischen Arbeitgeber und Arbeitnehmer. Der eine muss Vertrauen, der andere Verantwortung beweisen. Wer Mittel besitzt oder treuhänderisch verwaltet, sollte loslassen können und Kontrollen reduzieren, denn Verantwortung für den Erfolg setzt voraus, dass der Mitarbeiter über Mittel disponieren darf, zum Beispiel über Arbeits-, Lern- und Kommunikationszeiten, Maschinenkapazitäten, Service.

Erfolgsethik vor Ort ist verstärkt über das Individuum zu organisieren, nicht nur über das Kollektiv. Individuelle Verantwortung umschließt das Bewusstsein, dass man für alles einzutreten hat – für sorgsamen, sparsamen Ressourcenverbrauch, für den passenden Rahmen und Umweltschutz, für unbeabsichtigte Nebenwirkungen und irreversible Konsequenzen, für Motivation und Erfolg und für die eigene Wettbewerbs- und langfristige Beschäftigungsfähigkeit.

Es war ein langer Weg, bis die Eigentümer die Beteiligung der Mit-Unternehmer, die Teilhaberschaft der Arbeitnehmer am Erfolg anzuerkennen begannen. Noch heute wird allzu oft um erste Stufen der Einbeziehung gerungen. Aber auch die Gewerkschaften stehen Mitverantwortung zwiespältig gegenüber. Denn sie ist mehr als die Mitbestimmung. Für den Begriff der Verantwortung zählt nur die Nagelprobe – ob man sich in den Regen stellt oder nicht. Weiß man um die Härte übernommener Konsequenzen, steigt die Qualität der Arbeit.

Wer Verantwortung übernimmt, enteilt nie mehr ihrer Unteilbarkeit. Ich muss mir alles zurechnen lassen. Dafür war ich nicht zuständig, das habe ich nicht gewollt, das war unabsehbar – solche Haltungen sind mit der Übernahme von Verantwortung unvereinbar.

Die innere Motivation zum Unternehmerischen verlangt über die Beteiligung hinaus, dass die Arbeit in sinnvolle Einheiten gegliedert wird. Anders kann kein Gefühl für Qualität und Verantwortung aufkommen. Der Taylorismus hat diesen Gedanken, der schon in den 20er Jahren experimentell erforscht war, ignoriert.

Das ganzheitliche, sinnhafte Grundelement des Arbeitsvollzugs definiert die Grenze jeder Arbeitszerlegung. Das weiß

man seit den ersten Forschungsergebnissen zur Gruppen-
dynamik und Gestaltpsychologie. Apathie, Fehlbearbeitung
und Ermüdung nehmen zu, je weniger noch die Möglichkeit
einer abschließbaren Handlung, eines sinnhaften Handlungs-
ganzen geboten wird. Die Chance, eine Sequenz selbst zu
vollenden und einen initiativen Einflussspielraum darauf zu
behalten, ist für die Arbeitszufriedenheit von überragender
Bedeutung. Darin liegt der Wert der Teamarbeit: Hier lässt
sich selbst bei kurzzyklischer Arbeit über Prüf-, Steuerungs-,
KVP- und Rotationsarbeiten das Anreicherungsniveau für ein
sinnvolles Ganzes erreichen. Bis heute halten sich Meinungen,
dass eine Retaylorisierung der Arbeit anstehe. Unternehmen,
die daran glauben, verabschieden sich aus der Spitze der Qualität, die ins Eventhafte weiterdreht.

Diese Dimension wird vollends bei der Integration vieler
Tätigkeiten zur beherrschten Kompetenz deutlich. Die Herstellung eines Automobils verlangt mehr als eine Karriere vom
linken Außenspiegel zur Heckklappe. Eine die Sinne anspre-
chende Technik und eine Dienstleistung, die Kunden begeistert, entziehen sich dem rein rationalen Kalkül. Genau solche
Überlegungen führen zum Konzept der Job-Familie, in der
der Einzelne seine persönliche Job-Zukunft findet und sich
mit Leidenschaft, Gemeinsinn und Wagemut neue Horizonte
erobert. Aus Betroffenen werden Beteiligte, aus Beteiligten
Unternehmer vor Ort und aus Unternehmern vor Ort Job-Generatoren. Ist es nicht die wichtigste Aufgabe einer Familie,
für die nächste (Job-)Generation zu sorgen?

Die unternehmerische Energie gibt die Kraft, an der Differenz zum Wettbewerb zu arbeiten und aus dem Erfolg die Job-
Kids der Zukunft großzuziehen.

Keine Ausreden!

Eines der faszinierendsten Experimente ist die Bank der Armen: Sie ermöglicht mit einer kleinen Anschubfinanzierung die Existenzgründung, die ein Weitermachen aus eigener Kraft erlaubt. Der Erfolg in Regionen der Dritten Welt belegt, dass in jedem Menschen ein unternehmerisches Potenzial existiert, das ansprechbar bleibt.

Einfache Gedanken werden praktiziert: Auf mich kommt es an. Ich habe Elan, bin hartnäckig und zeige Courage. Ich lerne, äußere meine Ideen, helfe anderen, unterstütze den Fluss, setze mit um, vertrete Ziele. Ich bin da, versuche gesund zu bleiben und bilde mich weiter. Auf mich ist Verlass. Qualität ohne Wenn und Aber – das ist selbstverständlich. Ich kenne meine Kunden, kümmere mich um ihre Wünsche, berate sie und liefere ein sehr gutes Ergebnis. Ich akzeptiere Pflichten und Opfer, trage zumutbar bei. Ich kann's noch besser. Ich sorge nach Kräften dafür, dass ich auch morgen noch im Geschäft bin. Und ich schaffe Verbindungen, um dies alles gemeinsam mit anderen zu bewältigen.

Zum Unternehmerischen gehört das Ethos, eine Aufgabe nicht auf den nächsten Menschen, die nächste Stunde, das nächste Problem abzuwälzen – das Selbstverständnis heißt: No excuses!

Das Kollektiv sucht Schuldige, das unternehmerische Team findet Verantwortliche.

Nahe der Utopie

Märkte verbanden und überwanden Entfernungen. Technologien rafften und schafften Zeit. Sie legten die materielle Basis für eine exponentiell wachsende Menschheit mit der Chance, auch zukünftig als soziales Gemeinwesen zu überleben. Aber nur als Individuum erfindet und empfindet der Mensch Qualität in immer neuen Differenzierungen, sei es für ein Produkt, eine Dienstleistung oder eine Information. Die Entscheidung trifft der Kunde. Dann wird sie zu Geld.

Um Qualität muss sich ein Unternehmen quälen können – nicht locker lassen und ganzheitliche Arbeitsvollzüge organisieren, die eine Fühlbarkeit und Lernbarkeit des persönlichen Beitrags ermöglichen. Das Ziel heißt, hundert Prozent zu erreichen. Der Markt legt die Messlatte höher und höher. Unternehmen, die die Identifikation mit der Arbeit und damit leidenschaftliches Engagement im Job fördern, werden für den Wettbewerb besser qualifiziert sein. Die Schlüsselkompetenz der Zukunft heißt Sensibilität, weil sie allein für die notwendige emotionale Qualität sorgt. Sie wird High Touch genannt.

Begeisterung der Mitarbeiter für die Kunden und dadurch Begeisterung der Kunden für das Unternehmen – das gilt es zu verbinden. Der Kundenwert wächst so über das blanke Kosten-Nutzen-Kalkül hinaus. Beim Auto zum Beispiel gilt es die emotionalen, eventiven Mehr-Werte – Fahrspaß, Erlebnis durch Mobilität, Statusgewinn, Sorglosigkeit durch Sicherheit und Perfektion, Fahrdynamik im Verkehrsfluss, gutes Gewissen durch Umweltbeachtung, Wertbeständigkeit durch Markenimage – unternehmerisch zu neuen Wertschöpfungspotenzialen zu steigern.

Die Maßstäbe für den Auftritt vor dem Kunden müssen in die Verhaltenskultur eines Unternehmens eingehen. Was heute noch gut ist, lässt sich morgen nicht mehr verkaufen. Wer keine Ladenhüter produzieren will, muss die inneren Barrieren überwinden. Das ist die Botschaft des atmenden Unternehmens, das sich auf diese Wertschöpfung für den Kunden durch jeden Manager und Mitarbeiter – und jeden Betriebsrat – versteht. Die Wertschöpfung, die in uns liegt, muss frei werden. Darin besteht die Kunst einer unternehmerischen Verhaltenskultur.

Denn jeder Mitarbeiter und Manager kann und soll erforschen, entdecken, erfinden, entwickeln und erneuern. Jeder kann und soll bessere Standards setzen und Ziele erreichen. Jeder kann und soll das Wichtige vom Unwichtigen, das Weiterführende vom Lähmenden, das Motivierende vom Frustrierenden, das Konstruktive vom Destruktiven und das Herausfordernde vom Überkommenen unterscheiden. Und jeder kann und soll mündig-mutig handeln.

Auf der Höhe des Marktes, der Kundenwünsche und Finanzergebnisse zu sein, reicht nicht mehr. Die Saturierten von heute sind die Lahmen von morgen. Jeder Konjunkturzyklus beginnt mit diesem unternehmerischen Einbruch. Der Kunde feuert den, der sich selbst feiert.

Nur wer – pathetisch ausgedrückt – nach den Sternen greift und dabei die inneren Kräfte der Fantasie anfacht, vermag sich zu halten. Die Fähigkeit, neue Qualitäten zu entwickeln, hält uns nah an der Utopie. Das Undenkbare denken, das Unmögliche wagen: Nur wer sich so von innen her antreibt und den Käufer von morgen zu überraschen versucht, sichert sich die Chance auf höheren Kundenwert und damit auf weiteres Wachstum. Es ist die Chance, im Job zu Hause zu sein.

Kompetenz

Die Job-Familien – Beruf adé

Fest umrissene Aufgaben, fest gefügte Berufslaufbahnen und Kaminkarrieren gehören zunehmend der Vergangenheit an. Weit vernetzten Job-Familien gehört die Zukunft. Es sind Kompetenzgemeinschaften, die in Unternehmen, Regionen und globalen Netzwerken um ihren gemeinsamen Workholder-Value streiten: die Lebens-, Entwicklungs- und Einkommensperspektive ihrer Jobs. Sie erarbeiten zusammen neue Ergebnisse; aus ihrem Vorsprung wird Zukunftskapital.

Job-Familien bieten dem Einzelnen ein Zuhause, das man sich vielleicht am ehesten wie früher die Zünfte vorstellen kann. Virtuelle Sozialleistungen entstehen, die den Zusammenhalt fördern und weiteren Nachwuchs anziehen.

Es war ein langer Weg zum Beruf, und er blieb weltweit die Ausnahme. Berufliche Leitbilder, geschützte Berufsbezeichnungen, Berufsordnungen und andere Ausbildungsvorschriften fehlen zumeist. Vielerorts wächst Fachwissen über Kaminkarrieren zusammen – und hängt dann bleiern in den Hierarchien fest. In anderen Ländern wird es über Job Hopping erworben – und genau so schnell verfliegt es wieder. Allerdings regeln fast überall Zulassungsvorschriften die erforderliche Mindestfachkompetenz für die selbstständige Ausübung vieler Tätigkeiten.

Die berufliche Bildung wurde lange Zeit als ein Rückgrat erfolgreicher Organisationen angesehen. Investitionen ins Humankapital zahlten sich trotz erheblicher Vorleistungen letztlich aus, wenn alle Unternehmen berufliche Bildung betrieben und der Verlust an den Arbeitsmarkt über denselben wieder ausgeglichen werden konnte. Wo diese Bedingung fehlte, bedurfte es der Bindung an den Arbeitgeber, um eine Amortisation zu erreichen. Schulen und Hochschulen stellten sich mehr und mehr darauf ein, durch stärkere Praxisbezüge „maßgeschneiderte" Absolventen zu liefern, die vom ersten Tag an produktiv waren. Das klassische Bild blieb intakt.

Diese Zeit ist vorbei.

Der Wandel hat die Berufswelt abgehängt. Kein Berufsabschluss garantiert noch Beschäftigungsfähigkeit.

Erste Schritte des Umdenkens

1999 startete bei Volkswagen der Modellversuch GAB. Die Abkürzung steht für „geschäfts- und arbeitsprozessbezogene Ausbildung in ausgewählten Industrieberufen mit optionaler Fachhochschulreife". Das Projekt läuft bis 2003. Industrielle Berufe werden in der Automobilindustrie zu fünf Schlüsselberufen zusammengefasst: Industrieelektroniker/in, Industriemechaniker/in, Werkzeugmechaniker/in, Automobilmechaniker/in und Industriekauffrau/-mann. Die Ausbildung dazu soll stärker in den realen Arbeits- und Geschäftsprozess integriert sein, mit der Folge, dass „Lern-, Arbeits- und Teamfähigkeit" praktisch und betriebsbezogen entwickelt und erworben werden kann. Damit verbunden können die Auszubildenden in Technikzentren kleinere Fach- und Fertigungsaufträge erledigen und in „Lerninseln" im Betrieb an Serviceaufgaben, Instandhaltungsmaßnahmen und Problemlösungen mitarbeiten. So wird eine Brücke zwischen Ausbildung und Praxis geschlagen und früh die Erfahrung angeboten, wie es ist, als angehender Fachexperte ein Stück Realität zu betreuen. Schließlich gibt es betriebliche Einsätze, bei denen befristet eine Aufgabe im Team übernommen und damit am Produkt oder in der Dienstleistung verantwortlich mitgewirkt wird.

Bisher wurden etwa 2500 Ausbildende in dieses Projekt einbezogen. Niedersachsen, Hessen und Sachsen beteiligen sich als deutsche Bundesländer daran. Die VW Coaching GmbH und das Institut Technik und Bildung in Bremen unterstützen und begleiten es. Mit diesem Projekt sollen zukünftige Fachexperten in Produktion und Verwaltung für ein neues Bildungsverständnis gewonnen werden.

Nicht mehr Fächer geben den Takt vor, sondern Fragen und Lösungen der Praxis. Nicht mehr tradierte Berufsinhalte definieren das Bildungsziel, sondern eigenverantwortliches Lernen und Arbeiten. Nicht der Abschluss verbürgt Berufstüchtigkeit, sondern der optionale Zugang zu weiteren Lern- und Kompetenzfeldern im gesamten Geschäftsprozess. Der Elektroniker kann in einer großen Job-Familie sein Zuhause finden. Ein flexibler Einsatz in breiten und verbundenen Tätigkeitsfeldern ist möglich, zum Beispiel an Steuerungen der Motorelektrik oder in der Schalttafel-Entwicklung, in der Leitung von Lackieranlagen oder bei der Einrichtung mechanisierter Fertigungsanlagen, etwa mit Robotern.

Das Projekt „GAB" vermittelt darüber hinaus durch die optionale Fachhochschulreife die Zugangsvoraussetzung zum Studium. Zusammenfassend lässt sich sagen, dass hier ein Entwicklungshorizont eröffnet wird und nicht nur ein Berufszugang.

Wir benötigen eine Neuorientierung

Zur Neuorientierung dient das Konzept der Job-Familie. Es zeigt, was nötig ist, um das Gute der Berufe in die zukünftige Arbeitswelt hinüber zu retten. Gleichzeitig wird die Job-Familie grundlegend für unser Verständnis der Job Revolution. Mit ihr ziehen wir einen Paradigma-Wechsel auf die Zukunft.

„Beruf – Stelle – Aufstieg" hieß der Dreiklang jeder Karriere. Berufe öffneten den Zugang auf die Einstiegsebene, Stellenbeschreibungen sicherten die Zuständigkeit auf der Stufenleiter, Beförderungsrichtlinien regelten das Voranrücken nach oben. Wer die Kriterien erfüllte und lange genug wartete, konnte kaum noch übergangen werden. Dieses Muster hat sich erledigt.

„Kompetenz – Prozess – Teamleader" heißt es seit längerem, wenn es um Auswahl per Assessment, Leistung im Prozess und das Management vernetzter Organisationen geht. Eine Führungskraft benötigte nicht mehr Haus und Hof mit Kamin. Doch dieser Diskussionsstand wird sich nicht mehr lange halten. Das Thema Job-Familie führt noch einen großen Schritt weiter.

„Innovation – Ergebnisqualität – Unternehmer" sind die neuen Stichworte, die die Richtung der Job Revolution beschreiben.

Job-Familien bündeln Wollen, Wissen und Werte: den Veränderungssprung wollen, ihn in harte Ergebnisse umzusetzen wissen und blitzschnell, hellwach Risiken und Chancen zu werten, um Richtung, Geschwindigkeit und Qualität im Handeln zu adjustieren. Das heißt es, auf den drei Achsen der Zukunft voranzujagen.

Mehr Profil haben

Wenn Maßstäbe wachsen und Kunden mehr erwarten, wenn Standards sich verschärfen und Qualität die Grenzen der Wahrnehmung überschreitet, wenn Dienste auf 24 Stunden abrufbar werden – dann kann das nicht spurlos an den einzelnen Arbeitnehmern vorbeigehen. Denn sie sind es, die diese Explosion der Erwartungen letztlich erfüllen müssen.

Mit dem M4-Profil haben wir vor sieben Jahren eine Debatte darüber anstoßen wollen. Mehrfachqualifiziert, mobil, mitgestaltend und menschlich – in allen Dimensionen überschreiten die Erwartungen der Wirtschaft seit langem das Berufsbild des Starkstromelektrikers und Wurstwarenverkäufers.

Vor drei Jahren haben wir unsere Qualifikationsstandards im Management weltweit definiert: Für den Volkswagen-Konzern gelten einheitliche Anforderungsprofile. Wir möchten wissen, was wir erwarten können, wenn jemand ins Management berufen wird. Und wir möchten klare Signale an unseren Nachwuchs aussenden. Entsprechend wurden auch formale Voraussetzungen, Auswahlverfahren, Beurteilungskriterien, Qualifizierungsprogramme und Personalsysteme angeglichen. Ein tschechischer Vedouci, eine chinesische Managerin oder eine deutsche Führungskraft unterliegen gleichen Erwartungen und erhalten im Konzern gleiche Chancen, sich zu entwickeln und Aufgaben zu übernehmen. Eine Konzern-Stellenbörse und ein Konzern-Entwicklungsplan für Nachwuchskräfte sichern diese Öffnung ab, die zwar in der Vergangenheit schon grundsätzlich vorhanden war, aber künftig mit System betrieben wird.

Auch für diesen Prozess ist Orientierung erforderlich: Welche Kernkompetenzfelder benötigt ein Unternehmen für seine Zukunft? Im Falle des Volkswagen-Konzerns kommen 60 Job-Familien zusammen, die sich um die Kernkompetenz „ein Fahrzeug ganzheitlich in Entwicklung, Fertigung und Vermarktung zu beherrschen" ranken. Sie sind mit Spitzenkräften zu besetzen, um Erfolg zu haben. Nähe im Prozess, im Produkt und im Profil zählen bei dieser Verwandtschaft von Tätigkeiten, die in Job-Familien zusammenzufassen sind. Eine solche Systematik macht das Potenzial aller Fähigkeiten im Konzern transparent und ermöglicht die systematische Heranbildung der Talente zu künftigen Leistungsträgern.

Doch die Kenntnis, um wie viele Job-Familien man sich kümmern muss, wie stark sie besetzt sind und wo Handlungsbedarf besteht, reicht nicht. Um die Job Revolution zu beherrschen, ist mehr nötig.

Dienstleistungen werden zum zweiten Standbein jeder Industriebranche. Beispiel Autoindustrie: Intelligente Straße durch Verkehrsmanagement, Multimedia und IT im Auto, Mobilitätsservice und neue Nutzungskonzepte (Logistikservice, Flottenmanagement oder Multi-Leasing), aber auch ein Stück Discovery World für alle, die bereit sind, einen Betrag wie die Anzahlung auf ein Haus in ein neues Auto zu verwandeln – vergleichbare Serviceangebote werden mehr Raum in der Arbeitswelt der Zukunft einnehmen.

Die Elektronik wird für die Autoindustrie vielleicht einmal wichtiger als die klassischen Rekrutierungsfelder des Ingenieurnachwuchses. Hier ist viel Potenzial, etwa wenn sich die Antriebstechnik und damit das Fahrwerk ändern. Die Brennstoffzelle wird diskutiert. Das Versorgungs- und Servicesystem der Öl-Gesellschaften wird sich als bedeutsamer Teil der Wertschöpfung rund ums Auto sehr stark verändern müssen. Eine wesentlich engere Entwicklungspartnerschaft als in der Vergangenheit könnte frühzeitig neue Signale für eine neue Job-Familie in der Autoindustrie aussenden.

Was sind Job-Familien?

Job-Familien kennzeichnen das Milieu, in dem innovatives Können, vitale Befruchtung und persönlicher Antrieb zum unternehmerischen Erfolg heran- und zusammenwachsen. Zu dem Begriffsfeld gehören unter anderem
- Mentoren (Job-Eltern, Vor- und Zugbilder)
- Generatoren (Quellen, Treibhäuser, Talentbänke, Heimathäfen)
- Generationen (Job-Kids und -Oldies)
- Bindungen (Erbe, Zugewinn, Zumutbarkeit, Zerrüttung)
- Biographien (Job-Entwicklung: Enrichment, Enlargement, Rotation, Promotion)
- Emotionen (Spaß, Spiel, Spannung – Liebe, Lob, Last)

- Erwartungen (Kompetenz, Karriere, Kultur)
- Erfahrungen (Know-how, K.o.-Kriterien, Krisen)
- Ownership (Kompetenzbeherrschung, Ergebnisverantwortung, Prozesskontrolle)

Eine Job-Familie trägt die persönliche Zukunft der Arbeit, die sich der Einzelne mit unternehmerischer Leidenschaft, Herzblut und kreativem Können erobert. Jeder übernimmt zugleich Verantwortung für die nächste Job-Generation, die wiederum ein Arbeits- und Lebens-Zuhause dem nachrückenden Nachwuchs bietet. Job-Familien sollen schon vom Wortsinn unterstreichen, dass ganz andere Bindungsformen nötig sind, um in die Spitze der Job-Entwicklung zu gelangen und dort Richtung, Tempo und Qualität vorzugeben.

Job-Familien in den Geschäftsprozessen

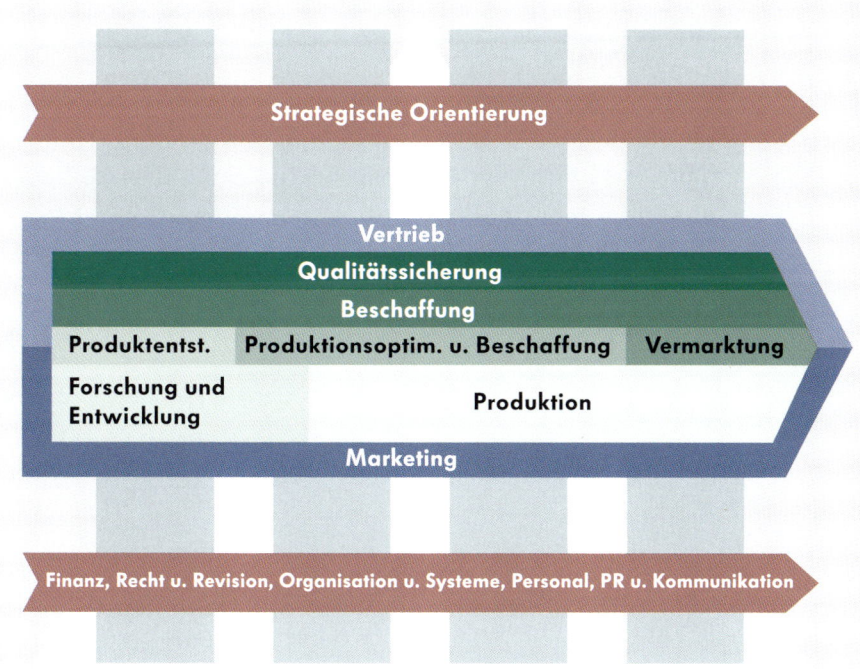

Was sich durch Job-Familien alles ändern wird

Die heutige industrielle Arbeitswelt ist technisch definiert. Motorenbau, Lackiererei, Gießerei, Werkzeugbau oder Montage – viele Tätigkeitsfelder haben sich abgeschottet und sich zu einer eigenen Welt entwickelt. Der Austausch unterblieb, die Menschen verharrten in ihren Aufgabengebieten und wurden zu Spezialisten. Das Gleiche galt für die Produktentwicklung: Design, Motorsport/Fahrzeugtests, Labor oder Prototypenbau. Eine wieder andere Welt wurde der Vermarktungsprozess mit Marketing, Kundendienst oder Verkauf.

Erhebliche Beharrungskräfte brachte die „Bereichsorganisation". Jeder Bereich entwickelte „seine" Leute. Wo ist der „Oberflächenmann", wo die „Lackierfrau" oder der Werkzeugbauer, wo der Elektriker oder der Gießer? Fachexpertentum war das Leitbild dieser Entwicklung.

An dieser Kernkompetenz führt auch künftig kein Weg vorbei.

Dennoch entscheidet sich der Wettbewerb darin nicht mehr. Es würde ein totes Rennen, nur auf „best in class" an einer Stelle zu setzen. Keiner kann sich mehr isoliert optimieren, jeder Job ist mit der ganzen Komplexität und der Verzahnung aller Aufgaben konfrontiert. Zur Spitze führt nur die Orientierung hin auf die gemeinsame Leistung.

Ein Designchef muss alle Kostenvorteile und Verfahrensinnovationen beachten, um neue Modelle zu präsentieren. Ein Lackiereileiter muss vom Rohbau bis zur Auslieferung an Kunden auf der ganzen Welt die Oberfläche im Griff behalten. Eine Marketing-Managerin muss die konzentrierten Kundenwünsche bereits in die nächste Produktspezifikation und Modelländerung hineindefinieren.

Zusammenwirken – das Job-Cluster zum gemeinsamen Wertschöpfungserfolg – transparent und lebendig zu machen, wird überlebenswichtig. Hier setzen die entscheidenden Veränderungen durch Job-Familien an.

Paten, Promotoren, Mentoren – wie auch immer man sie nennt, das mitreißende Beispiel gelebter Zusammenarbeit zählt. Job-Familien bilden sich um Persönlichkeiten, die eine grenzüberschreitende Job-Entwicklung glaubwürdig verkörpern, ermutigen und abfordern.

Die Vorbilder können Familien entstehen und enden lassen. Wenn Zusammenwirken nur noch als „Dienst nach Zuständigkeit" begriffen und primär über Hierarchie organisiert wird, gerät die vernetzte Kompetenzentwicklung ins Abseits. Jedes Unternehmen muss sich fragen, welche Persönlichkeiten hier gegensteuern können. Wie lassen sich Cluster bilden, etwa um aus Berufseinsteigern eine neue Job-Familie zu formen? Nehmen wir wieder die Elektronik im Auto als Beispiel: Jeder „Fachbereich" kann seine Spezialisten vereinnahmen – auf Nimmerwiedersehen. Dann wird wahrscheinlich in angemessener Zeit eine perfekte technische Lösung erarbeitet, die zwei Fachjournalisten begeistert und mehrere Magazine zu hymnischen Besprechungen motiviert, aber die Zielgruppe kalt lässt: Die kauft lieber den Konkurrenzwagen XY, weil deren technisch ähnliche Lösung mit einem hippen, völlig neuartigen Instrument bedient wird, das genau den Zeitgeist trifft. Der Wettbewerber hat mit Job-Familien die alte Bereichsorganisation aufgelöst und es geschafft, die Entwicklung mit Generatoren zu beschleunigen …

Doch zurück zur Gegenwart. Eben um dieser Job-Generatoren willen hat VW begonnen, mehrere neue Konzepte zu realisieren. Wie können wir uns die wichtigsten Quellen der Kompetenzentwicklung erschließen? Die AutoUniversität soll dies ermöglichen.

Virtuelle Benefits als die Sozialleistungen der Job-Familien

Die Idee einer virtuellen Universität verknüpft die großen Kernkompetenzfelder der Zukunft – Fahrzeugtechnik, Elektronik und Informationstechnik – mit Managementwissen und Betriebswirtschaft und der Option, sie an externe Quellen des Spitzen-Know-hows anzuschließen.

Nachwuchskräfte können sich hier ebenso wie gestandene Praktiker auf dem Stand des Wissens halten, ein maßgeschneidertes Fach-Coaching zum Auffrischen abrufen und am Netzwerk ausgewählter Universitäten und Benchmarking-Unternehmen partizipieren.

Entscheidend für diese Universität wird die Vernetzung mit internationalen Forschungs-, Entwicklungs- und Ausbildungszentren. Die Fach- und Führungskräfte im Konzern erhalten ein persönliches Lern-Portal, das ihnen den Zugang zu den wichtigsten Informationsquellen, Konferenzforen, Fachpublikationen, aber auch dem internen Wissensmanagement ermöglicht. Mit einer E-Learning-Plattform sollen neue Lernformen entstehen, die sogar die Abschlüsse des Master of Vehicle Engineering und des Master of Business Administration im Aufbaustudium bieten werden.

Die virtuelle Universität ist ein Teil der virtuellen Sozialleistungen, die im Zeitalter der Job-Familien in den Vordergrund treten. Wie sehen die Freiräume zur persönlichen Entwicklung aus? Kann ich meinen Arbeitsplatz durch den Internetzugriff auf den Stand modernster Kommunikationslinks und Workflows bringen? Kann ich mir ein Wissensteam aus dem Unternehmensnetzwerk heranbilden, das mir hilft?

Mit diesen Generatoren bildet sich ein Klima heraus, das aus dem beruflichen Umfeld ein Zuhause macht, die Heimat der Job-Familie. Die Familienmitglieder ziehen neue Nach-

Virtuelle Sozialleistungen gewinnen an Bedeutung

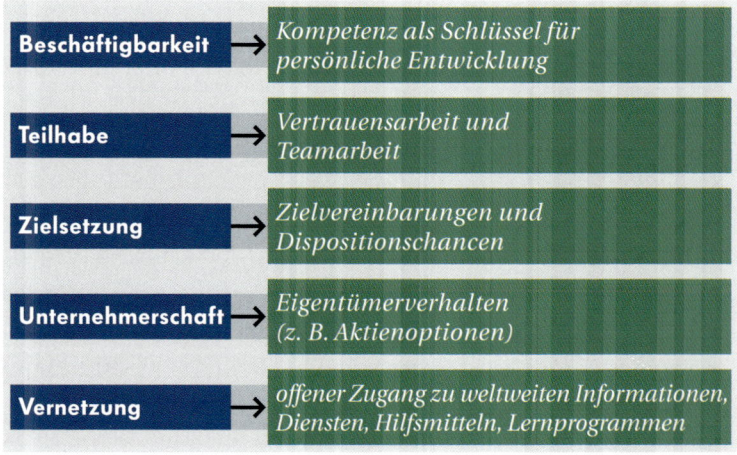

Beschäftigbarkeit	→	*Kompetenz als Schlüssel für persönliche Entwicklung*
Teilhabe	→	*Vertrauensarbeit und Teamarbeit*
Zielsetzung	→	*Zielvereinbarungen und Dispositionschancen*
Unternehmerschaft	→	*Eigentümerverhalten (z. B. Aktienoptionen)*
Vernetzung	→	*offener Zugang zu weltweiten Informationen, Diensten, Hilfsmitteln, Lernprogrammen*

wuchskräfte an. In einer Job-Familie zu arbeiten, der die Zukunft gehört, macht Spaß und lässt freundschaftliche Bande keimen. Talentbänke entstehen auf natürliche Weise. Der attraktive Arbeitgeber, der die angenehmsten Arbeitsbedingungen mit einem persönlichen Umfeld Gleichgesinnter anbietet, räumt den Arbeitsmarkt ab. Absolventen bestimmter Fachrichtungen reizt ein solches Milieu für Praktika, Trainee- und Einsteigerprogramme. Kontinuierliche Eigenbewerbungen aus der Zielgruppe wären die Folge.

Hier kommt ein weiteres Element der Job-Familien zum Tragen. Sie vermögen durch Identifikation neue Bindungsdefinitionen zu schaffen. Die Übernahme und der Transfer vorhandenen Wissens läuft schneller, wenn es ein Zugehörigkeitsgefühl vieler Fachverbundener im Unternehmen gibt. Das Erbe, der Schatz besten Wissens wird weitergereicht, die Zugewinngemeinschaft funktioniert. Wissen wächst nur, wenn man es teilt und weitergibt. Dieses Geheimnis kommt in der Job-Familie voll zur Geltung. Emotionale Bindungen reduzieren die Angst, durch Preisgabe des Wissens zu verlieren.

Zugewinn und Zumutbarkeit

Der gemeinsame Zugewinn durch Wissensteilhabe ist eine der wichtigsten Bindungen innerhalb und zwischen Job-Familien. Dafür werden dann auch Opfer in Kauf genommen, die Zumutbarkeit steigt. Keiner will innerhalb akzeptierter Bindungen den fachlichen und persönlichen Anschluss verlieren.

Sollen etwa Entwicklungen beschleunigt werden, bedarf es gezielter Job Development-Programme aufgrund des Job-Familien-Konzepts. Wir haben deshalb schematisierte Maßnahmen durch einen persönlichen Entwicklungsplan ersetzt. Unterschiedliche Tätigkeiten können durch Job-Rotation als ganzheitliche Erfahrung entwickelt und gewonnen werden. Der persönliche Entwicklungsplan als Kompass durch die Berufsbiographie und Arbeitslandschaft benötigt Orientierungsmuster. Dazu gehören auch die Bewährungsproben, von denen das Familienmitglied weiß, dass damit die Voraussetzungen für die weitere Förderung erfüllt werden, zum Beispiel ein internationaler Einsatz oder die Teilnahme an einem neuen Serienanlauf oder das Lösen schwieriger Probleme. Es gibt Schlüsselerfahrungen, ohne die eine weitere Verantwortungsübernahme unmöglich wird.

Fuzzy Logic – der Entwicklungsplan für Job-Familien

Für die Personalarbeit bringt das Konzept der Job-Familie einige Veränderungen mit sich. Neue Entwürfe für Fachbiografien müssen geschrieben werden, und wir müssen herausfinden, wie man die Entstehung der Familien anstoßen und fördern kann. Qualitative Kriterien, fachübergreifende Kompetenzbildung und diskontinuierliche Berufsentwicklungen

Personalplanung und -entwicklung mit Fuzzy Logic

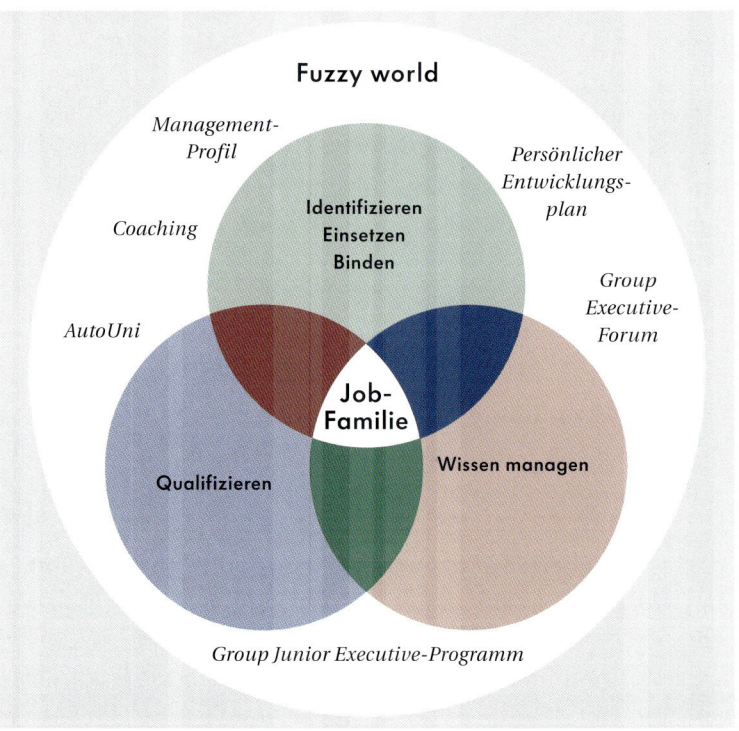

lassen viele herkömmliche Auswahlinstrumente stumpf werden. Mit Hilfe von Fuzzy Logic haben wir ein Planungs- und Suchinstrument geschaffen, das über den alten Tellerrand hinausweist.

Es erfasst auch Annäherungen an ein erwünschtes Profil, denn in der Praxis gäbe es häufig den noch besseren Mann oder die noch bessere Frau, wenn nur das Suchfenster groß genug wäre und die Suchkriterien eine qualifiziertere Aussage erlaubten. Diese Funktion übernimmt Fuzzy Logic. Die weitere Entwicklung könnte zu einem neuen Kompetenzniveau führen, das modernes Wissensmanagement, Ownership als Selbstverständnis der Kompetenzbeherrschung und Verantwortungswerte für die nächste Job-Generation umfasst.

Job-Familien – neue Antworten auf große Zukunftsfragen

Ein Phänomen hat sich in nahezu allen Ländern West- und Zentraleuropas durchgesetzt: Die Alterspyramide steht Kopf. Jede Elterngeneration ist stärker als die ihrer Kinder besetzt. Die Implosion der Bevölkerung hat schwer wiegende Folgen für den Arbeitsmarkt. Nicht die absolute Anzahl, aber der Anteil der Älteren nimmt deutlich zu. Die Zahlen der Schul- und Studienanfänger sind rückläufig, in Kernfächern wie Elektrotechnik, Maschinenbau oder Gießereitechnik schrumpfen sie schon drastisch.

Die Wahrscheinlichkeit wächst, dass Ältere wieder länger im Berufsleben bleiben müssen und Wanderungsbewegungen zum Beispiel aus Ost- und Zentraleuropa einsetzen, um den Bedarf zu decken.

Nach Untersuchungen für die Europäische Union entsteht spätestens ab 2015 eine nicht mehr kompensierbare Lücke auf dem europäischen Arbeitsmarkt – weder eine höhere Erwerbsquote noch ein späterer Altersaustritt noch innere Ausgleichsbewegungen zwischen den Mitgliedstaaten können daran etwas ändern. Hinzu kommt die Bevölkerungsexplosion in Gesellschaften, die nicht zum christlichen Kulturkreis gehören. Nordafrika, Kleinasien, Naher Osten – überall liegt die Geburtenrate um ein Mehrfaches über der in Westeuropa. Anderes Beispiel: In Indien dreht sich die Bevölkerungsstruktur allmählich um. Einst lag der moslemische Anteil der Bevölkerung weit unter einem Fünftel, heute beträgt er mehr als ein Drittel und in spätestens 20 Jahren wird er auf über 50 Prozent steigen. Bevölkerungsgruppen beziehungsweise Länder mit Familienplanung und andere, in denen eine solche Planung aus religiösen Gründen abgelehnt wird, driften in einer Scherenbewegung auseinander und produzieren neue Konfliktpotenziale. Grenzen können Erwartungen, Chancen, Verbindungen und Wanderungen zwischen Menschen und Regionen nur verzögern, aber nicht aufhalten.

In neueren Studien ist von erheblichen Veränderungen des Arbeitsmarktes die Rede. Wie sollen Millionen von „Wanderarbeitern" in die richtigen Jobs gelangen? Wie sollen ältere Arbeitnehmer neu durchstarten können für den dritten Lebensabschnitt, der wieder Arbeit heißt?

Mit dem Konzept der Job-Familien können Schwerpunkte des zukünftigen Arbeitsmarktes, der Entwicklung des Bildungswesens und der erwünschten Kompetenz-Cluster definiert werden. Über Kompetenznähe und Berufsverwandtschaft, Lernpotenziale und Job-Ketten in der Vita lassen sich für jeden Migranten Integrationschancen in den europäischen Arbeitsmarkt ermitteln. Über Job-Familien können sich ältere Arbeitnehmer langfristig orientieren, mit welchen Fähigkeiten und mit welcher Lerngeschwindigkeit sie „à jour" bleiben. Das hört sich schwieriger an als es ist. Beispiel IT-Kompetenz: Keine der Job-Familien, die wir international untersucht haben und die wir für unsere Kernkompetenz benötigen, kommt ohne Mindestqualifikation im Internet und am PC aus. Auch für 55-Jährige und Ältere lohnt es sich also, hier dazuzulernen. Ein bekannter deutscher Freizeitforscher veröffentlichte vor drei Jahren seine Prognose bis 2010. Danach sollten nur wenige Prozent der Deutschen am Internet teilnehmen. Fakt ist, dass 2001 bereits 65 Prozent der Haushalte über einen Internetanschluss verfügen. Prognosen der Beharrung werden von den Tatsachen überrollt. Gerade deshalb ist es wichtig, offene Konzepte der Zukunftsentwicklung zu

forcieren. Für die angekündigte Migration aus den Beitritts-
kandidaten zur EU – derzeit Polen, Tschechien und Ungarn –
wird die Analyse wichtig, mit welchen Job-Familien die Wett-
bewerbschancen vor Ort erhalten bleiben und wo Abwande-
rungen unvermeidlich werden.

Job-Familien als Wert-Garanten

Jahrhundertelang gab das Handwerk „goldenen Boden". In
vielen Jahren wurden Kniffe und Kunstfertigkeiten erworben,
aus denen der Stolz auf den Beruf und die Identifizierung mit
dem Produkt und seiner Qualität erwuchsen. Dieses hand-
werkliche Können, das in der Berufsbildung und der Institution des Berufes seinen Niederschlag fand, darf nicht un-
terschätzt werden. Doch was die Gilden über Jahrhunderte
leisteten – Berufsgenerationen eine Heimat zu bieten, Wissen
von den Eltern zu den Kindern weiterzugeben –, kann künftig
nur noch die Job-Familie bewirken. Die neue Heimat der Spitzenleistung nimmt die positiven Bindungen der Tradition auf,
überträgt sie aber in moderne, globale und auf Zusammenarbeit angelegte Netzwerke der Kompetenz. Auf diese neuen
Kompetenzgemeinschaften kommt es an, wenn wir mehr erreichen wollen, als dies Spezialisten allein vermögen.

Dynamik

Wertschöpfungsmotor Beteiligung

Wie können Mitarbeiterinnen und Mitarbeiter zu mehr Wertschöpfung bewegt werden?
Indem sich das zukünftige Einkommen stärker aus den Zuwächsen der Wertschöpfung finanziert. Neue Vergütungssysteme, neue Beteiligungsformen am Erfolg werden dafür erforderlich. Dazu gehören etwa Ergebnisbeteiligungen, Lohnkorridore, Zeit-Wertpapiere und Aktienpläne – Anreize, die gleichzeitig die Dauerhaftigkeit der Kosten begrenzen.

Das Kompetenzkapital eines Unternehmens wird den zukünftigen Unternehmenswert in weit höherem Maß bestimmen, als die bisherigen Kennziffern des Eigenkapitals, der Investitionsdynamik und der Ertragskraft anzuzeigen vermögen. Mit dem Kompetenzkapital verbindet sich die Zukunft der Wertschöpfung eines Unternehmens. Unternehmen müssen deshalb dieses Potenzial umfassender als bisher als Quelle der Wertschöpfung entwickeln.

Für Industrieunternehmen existieren zwei gegensätzliche Paradigmen von Geschäftsmodellen: Entweder sie entwickeln, fertigen und vermarkten alles selbst, oder sie lagern die Entwicklung aus, vergeben viele Komponenten fremd, halten damit die Fertigungstiefe gering und betreiben die Vermarktung mit einer Partner- und Händlerorganisation. Im ersten Fall kann die selbst erwirtschaftete Wertschöpfung leicht 30 bis 40 Prozent des Umsatzes betragen, die Abhängigkeit ist gering, die Komplexität hoch. Im zweiten Fall schrumpft die eigene Wertschöpfung unter Umständen auf den Rendite-Anspruch plus Handlingskosten, hohe Abhängigkeit verbindet sich mit geringer Komplexität.

Ein Unternehmen, das auf die eigenen Mitarbeiterinnen und Mitarbeiter und die Stärke der eigenen Kompetenz setzt, kann strategisch nur den ersten Weg gehen.

Bei beiden Modellen ergibt der Umsatz minus bezogene Dienste, Leistungen und Materialien die Wertschöpfung eines Unternehmens. Im einen wie im anderen Fall müssen daraus Verzinsungsanspruch, variable und fixe Kosten einschließlich Personal- und Kapital-Investment gedeckt werden. Dahinter steckt die schwer wiegende Frage: Was übernimmt das Unternehmen selbst, was überlässt es anderen? Managen muss man jedoch beides, schließlich soll es in einem Produkt und einer Dienstleistung vor dem Kunden münden.

Mit der Wertschöpfung und letztlich der Ertragskraft eines Unternehmens steht und fällt das Barometer seiner Zukunftsfähigkeit. Da sich Verzinsungsanspruch und nötiges Kapitalinvestment (abgesehen von einem eventuellen Risikozuschlag für das Land oder den Standort) rund um die Welt immer stärker angleichen, bleiben die Quellen Produktinnovation, Geschäftsprozess und Kompetenz der Mitarbeiter die letzten internen Wettbewerbsreserven, um die Ertragskraft zu steigern.

Umso wichtiger ist der richtige Motor für diesen Dauerlauf der Wertschöpfung.

Wie können alle Manager und Mitarbeiter zu mehr Wertschöpfung bewegt werden? Indem sich der zukünftige Einkommensstrom aus diesen neu erarbeiteten Zuwächsen in der Wertschöpfung finanziert. Wenn wir eine Lebenseinkommenskurve sichern und den Mitarbeitern mit ihrer Kompetenz eine Job-Familie als Arbeits- und Lebenszuhause anbieten wollen, dann benötigen wir Quellen zusätzlicher Wertschöpfung. Und die Vergütungssysteme werden zu Beteiligungsformen an diesen Wertschöpfungserfolgen.

Variable Grundvergütungen

Das atmende Unternehmen, das dem Pulsschlag des Marktes folgt und über Nacht auf vier bis sechs oder sogar sieben Tage Fertigung umsteuern kann, nutzt Marktchancen und -risiken optimal zum Wertschöpfen. Die Gewinnschwelle in der Kapazitätsnutzung bleibt niedrig, und Marktspitzen können ebenso mitgenommen werden. Hier entsteht das erste und wichtigste Beteiligungsmodell. Arbeitszeit und Entgelt werden von einem starren zu einem flexiblen Verhältnis miteinander verknüpft oder werden zumindest in einer gewissen Bandbreite variabel. Durch Anpassungsfähigkeit rentiert sich mehr Beschäftigung wirtschaftlich. Der Atmungskorridor wird zum Wertschöpfungspolster für schlechtere Zeiten. Ein Zeitbanking ermöglicht die Vorsorge.

Aus klassischer Mehrarbeit werden Atmungsstunden. Aus diesen ersten Ansätzen der Zeitsouveränität können zukünftig mehr und mehr Systeme der Vertrauensarbeit, Projekt- oder Programmarbeit entstehen, die Lernen, Arbeiten und Kommunizieren mitumfassen und sich von der überkommenen, tayloristischen Figur abhängiger Lohnarbeit lösen.

Das Unternehmen übernimmt das Risiko der Aufträge und der Entgeltzahlung, die einem Zielprogramm entsprechen,

Das Vergütungskonzept – ein dynamisches System

Kapitalgedeckte Altersversorgung	**2001*** →	**Pensionsfonds**	→	*Dynamische betriebliche Grundsicherung im Alter*
Steigerung Unternehmenswert	**1999*** →	**Aktienoptionsplan**	→	*Unternehmens- beteiligung*
Erhöhung Wertschöpfung	**1998*** →	**Zeit-Wertpapier**	→	*Beschäftigungssicherung und Altersteilzeit*
Unternehmenserfolg: Ideen, Samstage …	**1997*** →	**Erfolgsbonus Leistungsbonus**	→	*Ergebnisbeteiligung*
Rentenbausteine statt Barvergütung	**1996*** →	**Beteiligungsrente**	→	*Ausbau der finanziellen Lebenssicherung im Alter*
Leistung und Tätigkeit	→	**Grundvergütung**	→	*Lebenssicherung für Familienunterhalt*

* = Jahr der Einführung bei Volkswagen

und die Mitarbeiter als Unternehmer vor Ort übernehmen das Risiko, dass die Programmerfüllung mehr Arbeit erfordert, oder anders ausgedrückt, dass ein Rückgang des Arbeitsaufwands von dem persönlichen Beitrag zur Optimierung abhängig wird.

Entweder das Entgelt („Kosten statt Köpfe") oder die Arbeitszeit wird variabel, um gefährliche Kostenschwankungen für Produkt und Arbeitsplatz abzufangen.

In dieses Modell, das die Grundvergütung davon ableitet, was der Markt verkraftet, fügen sich viele heutige Entgeltkomponenten nicht mehr. Es gibt dann nicht mehr die Arbeitsbewertung, die Tätigkeiten normiert und der Vorstellung nachhängt, dass Arbeit nach standardisierten Anforderungen zu einem gleichen standardisierten Lohn führt. Differenzierungskriterien nach Erfahrung, Dienstalter, Verantwortung usw. passen ebenso wenig wie Dynamisierungskriterien nach Inflationsindex, Abstands- und Besitzstandswahrung, Jahren in der „Entgeltgruppe" oder Regelbeförderungen.

Eine der spürbarsten Folgen im Beschäftigungssystem hinterlässt jede Vereinbarung eines Zeitzuschlags mit Freistellungspflicht, etwa dass ein Wochenendeinsatz mit 150 bis 200 Prozent Freistellungsbonus pro Stunde verbunden ist. Irgendwann dreht sich die Mehrarbeit-Freistellungsspirale der am dringendsten benötigten „Feuerwehrleute" fest und lässt das gut gemeinte Strafsystem für Überstunden kollabieren. Das gesamte Zuschlagswesen ist Ergebnis einer großen Tarifvergangenheit, die kaum mehr in moderne variable Entgeltsysteme zu passen scheint.

Ein bleibender Bezugspunkt der Grundvergütung ist die Frage nach dem zumutbaren und auskömmlichen Entgelt zur Sicherung eines Lebens- und Familienunterhalts. An dieser Frage entscheidet sich auch in Zukunft, ob ein Unternehmen genug Nachwuchs vom Arbeitsmarkt gewinnen wie auch qualifizierte Mitarbeiter im Unternehmen halten kann.

Dennoch zeigt ein Blick auf die heutige Situation, dass wir uns noch vor einer größeren Veränderungswelle befinden. Tabus gelten in vielen Diskussionen immer noch – der heilige Samstag trotz persönlicher 3-, 4- oder 5-Tage-Woche; die verbotene Einstiegsstufe in den Tarif trotz der Schaffung neuer, unbefristeter Beschäftigungsverhältnisse; der Freizeitzwang trotz persönlichem Wunsch, länger zu arbeiten; die stündliche Erholpause selbst bei Arbeitszeitmodellen, die nur 30 bis 35 der 168 Stunden pro Woche, also 20 Prozent abfordern.

Bonus – Ausbau der Ergebnisbeteiligung

Ein ganz entscheidender Antrieb zur Veränderung heißt Begrenzung der Dauerhaftigkeit der Kosten. Die Sockelinflation belastet gute wie schlechte Jahre, unabhängig davon, ob neue Produkte, veränderte Märkte oder Zeiten dieses Erbe noch tragen können. Ein Euro mehr pro Stunde wird in der heutigen Besitzstandslandschaft häufig zur Entscheidung über 50.000 Euro zusätzlichem Lebenseinkommen. Wenn jedoch anders als in der Vergangenheit nicht mehr aus der Einmaligkeit des Erfolgs dauerhafte Lasten werden sollen oder können, muss über Ergebnisbeteiligungen gesprochen werden.

Die Argumente liegen auf der Hand. Wenn mehr Ertrag erwirtschaftet wird, kann er auch verteilt werden. Unternehmerisches Verhalten aller entsteht nur bei sichtbarer Verknüpfung mit einer Gewinnbeteiligung. Viele Anknüpfungspunkte sind denkbar: steuerlicher Gewinn, operatives Ergebnis aus laufendem Geschäft, Cashflow oder auch Performance und Budgeterreichung. In allen genannten Beispielen ist die Beteiligung an eine Steigerung der Wertschöpfung geknüpft und belastet damit nur den vorhandenen Erfolg.

Die Konzern-Ideen-Liga 2001

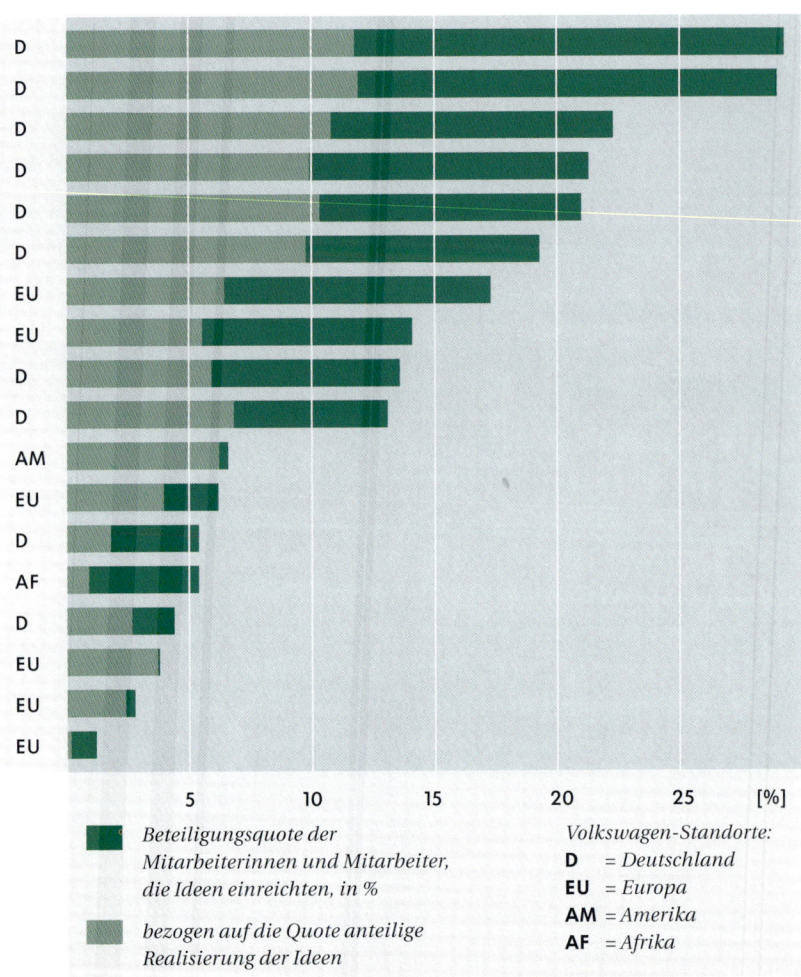

Beteiligungsquote der Mitarbeiterinnen und Mitarbeiter, die Ideen einreichten, in %

bezogen auf die Quote anteilige Realisierung der Ideen

Volkswagen-Standorte:
D = *Deutschland*
EU = *Europa*
AM = *Amerika*
AF = *Afrika*

Unternehmensbezogener Erfolgsbonus und persönlicher Leistungsbonus können die generelle Beteiligung aller mit der individuellen Differenzierung des eigenen Beitrags verbinden. Viele Zusatzleistungen und Zuschlagsformen (vom Samstagszuschlag bis zur Vorschlagsprämie) ließen sich auf diese Weise abgelten. Das Konzept bietet eine radikale Vereinfachung der Vergütungssysteme, denn die in vielen Ländern tariflich festgeschriebenen 10 bis 15 Zusatzvergütungen können weder überzeugend kommuniziert noch in Anreizwirkungen umgesetzt werden.

Im Top-Management sind über 50 Prozent, im Management über 30 Prozent und im Tarifkreis 10 bis 30 Prozent variable Bezüge zumutbar. Fühlbar, aber nicht existenziell gefährdend für ein planbares Haushaltseinkommen darf Variabilität sein. Daher rühren allerdings die Bedenken mancher Gewerkschafter und die Sorgen vieler Arbeitnehmer, die das sichere dem unplanbar höheren Entgelt vorziehen. Sie wittern Manipulation, wo es um Bilanzen und Jahresabschlüsse geht. Aus unserer Sicht sind diese Bedenken überwindbar. Man benötigt keine mathematische Formel, eine grundsätzliche Zusage und Gesprächspflicht über einen Bonustopf genügen.

Beteiligungsrente – Lebenseinkommen gestalten

Ein praktisches Beispiel für die Umgestaltung des Entgeltsystems ist die Beteiligungsrente. Volkswagen war der Pionier in der tariflichen Verankerung der Eigenvorsorge.

Zur Vorgeschichte: Unternehmen und Gesamtbetriebsrat führten 1996 das Bausteinsystem für die Altersvorsorge ein. Aus jedem Einkommensjahr des Mitarbeiters wird ein späterer Rentenbaustein gebildet. Soweit ist es eine Leistung des Unternehmens, eine Betriebsrente zu bieten. Das Bausteinsystem löste ein System ab, das am letzten Gehalt vor Eintritt in den Ruhestand orientiert war und einen bestimmten Prozentsatz davon als Betriebsrente versprach. Das Bausteinsystem ist im Unterschied zu diesem final pay system ein average pay system. In jedem Jahr, das ein Mitarbeiter für das Unternehmen tätig ist, muss er einen Baustein erwerben; die spätere Leistung ist auf die Summe aller Rentenbausteine aller Dienstjahre beschränkt. Dieses System eignet sich ideal für die Einführung von Zusatzbausteinen. Dafür hat Volkswagen den Begriff Beteiligungsrente eingeführt – er unterstreicht die Möglichkeit, sich an der zukünftigen Rentenhöhe individuell und eigenverantwortlich zu beteiligen. Es bedarf nur einer Entscheidung über die Struktur des Zuflusses aus dem Einkommen – was benötige ich heute, was morgen. Ein heutiger Entgeltanspruch kann durch einen zusätzlichen Rentenbaustein ersetzt werden.

So gaben die Tarifpartner den vermögenswirksamen Leistungen einen neuen Sinn – sie wurden durch ein Angebot „mehr Rente" ersetzt. Inzwischen wurden alle Mitarbeiter auf dieses neue System umgestellt. Jeden Monat kann sich jeder Unternehmensangehörige entscheiden, wie viel noch auf die hohe Kante für die spätere Rente wandern soll. Der Entgeltmix „was heute – was morgen" kann erstmals aktiv gesteuert werden.

Volkswagen wurde mit diesem tariflichen System der Gehaltsumwandlung in Deutschland Vorreiter. Die steuerliche und beitragsrechtliche Anerkennung wurde gegen viele Widerstände durch gute Überzeugungsarbeit erreicht.

Als eigenständiges Beitragssystem, das an die Leistungsfähigkeit eines Unternehmens ebenso wie die des Mitarbeiters anknüpft, ist die Beteiligungsrente das erste durchgängige System für eine zweite Säule. In guten Jahren, aus Tantiemen und Prämien sowie nach Lebensphasen kann die spätere Rente von beiden Seiten gesteigert und gesteuert werden, ohne dass in der Ansparphase Abgaben auf ihr lasten. Das entspricht im Grundsatz dem angelsächsischen Prinzip nachgelagerter Belastungen der Kapitalbildung.

Leider wird das Prinzip immer wieder in Frage gestellt. Es geht darum, ob Entgeltumwandlungen und Unternehmensbeiträge zu Systemen der betrieblichen oder tariflichen Rente „beitragsfrei" sein dürfen. Hauptproblem dabei ist die Krise der Sozialversicherungssysteme, die unter ihrer großen Ausgabenlast ächzen und am liebsten alles Entgelt der Beitragspflicht unterwerfen würden. Systematisch ist das jedoch kaum gestaltbar, denn Beiträge können nur da greifen, wo der Arbeitnehmer eine Einnahme erzielt. Dies wird eigentlich erst mit der Rentenzahlung erfolgen. So versucht der Gesetzgeber in vielen Ländern, die Sozialversicherungspflicht direkt an die Arbeitsleistung zu binden. Doch dieses Problem ist lösbar, denn wo keine Beiträge geleistet werden, können auch Ansprüche und Ausgaben vermieden werden. Und wenn Ergänzungssysteme die Sozialversicherungen entlasten, gewinnen beide Systeme Spielräume. Diese Diskussion um die Aufkommens- und Ausgabeneffizienz der Vorsorgesysteme muss in den Vordergrund rücken, wenn Versorgungstanker nicht mehr über eine immer schnellere Beitrags-Leistungs-Schraube zu steuern sind.

Pensionsfonds – aus weniger mehr machen

Pensionsfonds gehört die Zukunft. Wir haben die Wahl. Viele Länder haben längst eine kapitalgedeckte Altersvorsorge. Sie verstärkt, ergänzt, entlastet oder ersetzt eine gesetzliche Grundsicherung. Die Chance ist da, über das richtige Konzept dafür zu reden.

Es können nur ergiebigere Ansätze für die Zukunftsvorsorge diskutiert werden, die sich aus einer höheren Dynamik und Wertschöpfung finanzieren. Sie müssen selbst neue Impulse freisetzen. Die bisherige Diskussion ist viel zu statisch. Wir wiederholen das schlichte Beispiel: Um über 30 Jahre ein Versorgungskapital „Rente" von 300.000 Euro zu finanzieren, benötigt man bei 3 Prozent Rendite einen Jahresbeitrag von 6300 Euro. Bei 10 Prozent Rendite ergibt sich eine Jahressparrate von nur 1800 Euro. Im Umlagesystem würde sich der Finanzierungsbeitrag pro Jahr auf 10.000 Euro belaufen.

Wir sind deshalb heute mit der schwierigen Situation konfrontiert, dass die Rentenversicherung mit ihren hohen und weiter steigenden Beiträgen selbst das Kapital mitverzehrt, das – anders investiert – zu ihrer Entlastung beitragen könnte.

Das Zeit-Wertpapier

Volkswagen hat seit Jahren für alle Mitarbeiterinnen und Mitarbeiter individuelle, betriebliche und tarifliche Optionen geschaffen. Es beginnt bei modernen Vergütungssystemen, die aus nachhaltigen Belastungen neuer Arbeitsplätze aussteigen und Raum schaffen für zusätzliche Mitarbeiterideen, Wertschöpfungsbeiträge, Vergütungsquellen und Beteiligungsmodelle.

Im Grundentgeltsystem haben wir einen Atmungskorridor von vier bis sechs Werktagen geschaffen. Weiterhin wurde eine Ergebnisbeteiligung für alle Mitarbeiter eingeführt. Die durch Auftragswellen und Ergebnisverbesserungen erwirtschafteten Spielräume können dann flexibel in so genannte Zeit-Wertpapiere investiert werden.

Wir verstehen es als ein neuartiges Wertpapier, das zukünftige Zeiten der Beschäftigungssicherheit oder der Lebensarbeitszeitverkürzung finanzieren kann. Mehr Zeit wird aus mehr Wert finanziert.

Bei Volkswagen fließen aus vielen Quellen Zukunftszeiten. Laufendes Entgelt, Mehrarbeitsvergütungen, Bonuszahlungen, Prämien für Ideen, aber auch Zeitkonten können dafür umgewidmet werden.

Jeden Monat kann jeder Angestellte neu entscheiden, wie viel er einbringen will. 100.000 VW-Mitarbeiter haben innerhalb von 30 Monaten fast 250 Millionen Euro angespart, 85 Prozent davon aus Entgeltumwandlungen, vor allem aus Ergebnisbeteiligung und honorierten Verbesserungsideen. Das Zeit-Wertpapier finanziert primär die Lebensarbeitszeitgestaltung. Mit einer bisherigen Rendite von über 9 Prozent. Es ist eine persönliche Beschäftigungsvorsorge.

Seit der Neuregelung des Flexigesetzes im Dezember 2000 ist auch klargestellt, dass zum Beispiel bei Erreichen der Altersgrenze nicht verbrauchte Zeit-Wertpapiere ohne Probleme in eine zusätzliche Betriebsrente umgewandelt werden können. Es gilt voll die nachgelagerte Versteuerung und Verbeitragung. 98 Prozent der Belegschaft beteiligen sich an dieser Vorsorge.

Die Rendite des Zeit-Wertpapiers seit Auflegung

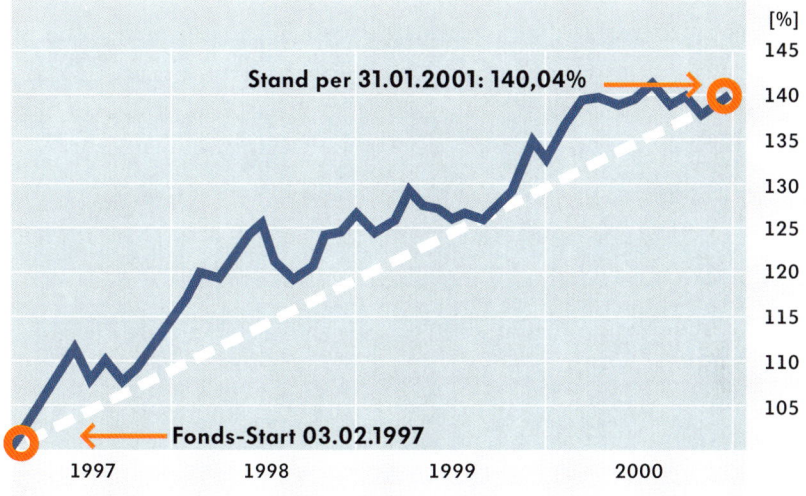

Nettorendite im Durchschnitt ca. 10% p.a.

Ein weiteres Kapital von über 200 Millionen Euro haben die Mitarbeiter innerhalb von fünf Jahren über die Beteiligungsrente angespart.

Die Beteiligung an Zeit-Wertpapier und Beteiligungsrente verläuft lebenszyklisch. Das bedeutet hohes Vorsorge-Engagement bei den jungen Mitarbeitern vor der Familienphase bis 30 Jahre und dann wieder ab Mitte 40 bis zum Ruhestand. Auch das ist ein Grund, warum starre Vorgaben für die Entgeltumwandlung in Rentenbausteine schädlich wären.

Zeit-Wertpapier und Beteiligungsrente sind wichtige Schritte Richtung Mitverantwortung der Mitarbeiter für die Zukunftsvorsorge. Gleichzeitig wächst das Bewusstsein dafür, welcher Anstrengung es aus eigener Sparleistung wie auch aus verdienten Renditen bedarf, um auf ein hohes Vorsorgekapital zu kommen. Mit beiden Systemen wurden erstmals für große Belegschaftsgruppen Instrumente zugänglich, die sonst nur Spitzenverdiener nutzen können. Denn Gehaltsumwandlungen blieben in der Vergangenheit fast ausschließlich Geschäftsführern und Führungskräften vorbehalten, die

Tarifmitarbeiter hingegen ausgeschlossen. Und Zugang zu Fonds ohne die üblichen Provisionen, Abschläge und Gebühren hatten die tariflichen Mitarbeiter vor den Zeit-Wertpapieren ebenso nicht.

Das VW-Modell Pensionsfonds

Ein weiterer, großer Schritt wird für Volkswagen jetzt die Einrichtung eines Pensionsfonds sein, der die betriebliche Altersversorgung übernimmt.

Das Modell ist einfach: Für einen Mitarbeiter zahlt Volkswagen zukünftig einen Beitrag von 1 Prozent des Entgelts bis zur Beitragsbemessungsgrenze und 10 Prozent für Einkommensanteile oberhalb dieser Grenze in einen unabhängigen Pensionsfonds ein. Übergangsregelungen gelten für alle Mitarbeiter, die schon vom bisherigen Versorgungsrecht begünstigt waren. Volkswagen bleibt im Rahmen einer Direktzusage zur Leistung verpflichtet. Die Altersrente wächst im Wesentlichen mit dem Erfolg des Fonds.

Um später eine ähnliche Rentenerwartung wie heute aufrechtzuerhalten, genügt im Pensionsfonds der halbe Beitragssatz. Besitzstandsdynamik, Rentenanpassung, höhere Lebenserwartung, Insolvenzsicherung und Verwaltungskosten lassen sich dabei mitfinanzieren. Zinseszinseffekte auf Rentenbausteine und Fondsreserven führen zusätzlich die Belastungen sofort herunter. Bei einer durchschnittlichen Marktentwicklung entsprechend der letzten 20 Jahre kann Volkswagen die Kosten der betrieblichen Altersversorgung von heute 8,7 Prozent des Personalaufwandes über eine Zeitachse von 25 Jahren auf eine betriebswirtschaftliche Null drücken.

Gleichzeitig werden zukünftige Rentenansprüche in einem Rechtsmantel über eine so genannte doppelte Treuhand gesichert – Anlagetreuhand im Normalfall, Sicherungstreuhand im Insolvenzfall. Im Trust wirken die Arbeitnehmer-Vertreter als Mitglied und Aufsicht voll mit. Für diesen Pensionsfonds gilt die nachgelagerte Besteuerung. Auch Entgeltumwandlungen erfolgen aus dem Brutto. Die Zusage enthält eine

Das Modell eines betrieblichen Pensionsfonds – die doppelseitige Treuhand

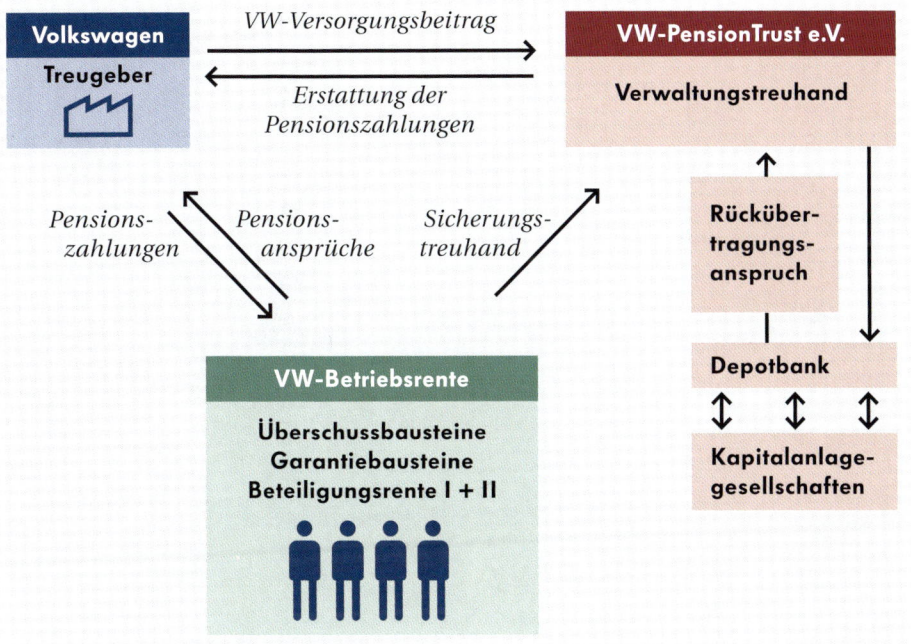

Garantieverzinsung von 3 Prozent pro Jahr, die aber auch aus dem Fonds zu finanzieren ist. 155.300 Mitarbeiter des VW-Konzerns in Deutschland werden auf eine Pensionsfondsrente umgestellt. Das Modell umschließt also zusätzlich Audi, VW-Financial-Services und VW Sachsen. Bis die erste Rente im Alter von 62 Jahren fließt, haben wir einen Vorlauf von zwölf Jahren. Genug Zeit, um an der Performance zu arbeiten.

Im Mittelpunkt steht das Vermögensmanagement. Völlig verkehrt sind manche Vorstellungen, die meinen, dass die Arbeitnehmer einzelne Fondsanteilsscheine erwerben müssten. Das widerspricht nicht nur dem Gebot der biologischen Risikostreuung, sondern auch dem Geist eines Pensionsfonds. Hier geht es um die Finanzierung einer Leistung, die zum Teil erst in 20 bis 40 Jahren fällig wird. Lahme Gäule muss man unterwegs austauschen können. Mit fest erworbenen Anteilsscheinen könnte sich der Einzelne kaum von einer schlechten Performance der Fondsmanager trennen. Zudem muss sich das Risikoprofil mit der Nähe zur Rentenzahlung verändern. Am Anfang und bei unter 40-Jährigen wäre die Rendite der Fonds wichtiger als die Absicherung von Jahresschwankungen. In der Auszahlungsphase ab Renteneintritt dominiert das Interesse, den Sicherungsanteil am Investment zu erhöhen.

Ein Pensionsfonds kann immer nur ein Treuhand-Dach sein. Die Werte müssen über eine unabhängige Depotbank verwahrt, bewertet und gehandelt werden. Die Anlageentscheidung trifft wiederum der Fondsmanager. Stets müssen mehrere Kapitalanlagegesellschaften im Wettbewerb zueinander mit der Anlage betraut werden. Die besten Fonds erhalten das frische Geld, Fonds mit Underperformance scheiden aus und werden ersetzt. Kein Fonds wickelt Geschäfte über die eigene „Mutterbank" ab – alle werden nach transparenten Maßstäben vergütet und gemessen, deren Grundlage das einheitliche Reporting der Treuhandbank bildet. Anlagerichtlinien und Benchmarks werden vom Unternehmen beziehungsweise den Anlageausschüssen des Pension Trust festgelegt.

Solche Modelle können betrieblich, aber auch tariflich angegangen werden. Und der Markt kann sie zur privaten Vorsorge ausbauen. Hier steht Deutschland am Anfang.

Auch ein Pensionsfonds kann die biometrischen Risiken absichern: Erwerbsunfähigkeit, Tod für Hinterbliebene und auch Langlebigkeit. Die längste Altersrente wird bei Volkswagen seit 47 Jahren gezahlt, natürlich an eine Dame. Pensionsfonds funktionieren im angelsächsischen Raum seit vielen Jahrzehnten. Auch Volkswagen hat mit seinen Arbeitnehmern in diesen Ländern Pensionsfonds eingerichtet. 70 Prozent des letzten Gehalts vor Eintritt in den Ruhestand werden finanziert. Dieses Versorgungsziel liegt oberhalb der gesetzlichen Rente in Deutschland. Zur Zeit beträgt der Unternehmensbeitrag null. Historisch bewegen sich die Beitragssätze unter 50 Prozent des deutschen Systems.

Die Durchschnittsrendite von über 10 Prozent erlaubte eine Reserve von über 30 Prozent zusätzlich zur ausfinanzierten Rentenzusage. Diese Reserve hält auch einen vorübergehenden Einbruch an den Kapitalmärkten aus. Historische Datenreihen belegen dies. Sicherlich kann man das nicht für jedes Zukunftsszenario behaupten. Ein Beispiel ist die Entwicklung des japanischen Kapitalmarktes, der jüngst sein 16-Jahrestief erreichte. Streuung und Risikolimits können helfen, Verlustzonen im Portefeuille einzugrenzen.

In angelsächsischen Ländern hatte man einst den Sprung gewagt, und heute ist die Akzeptanz groß. Der Gesetzgeber verfiel dort nicht in den Fehler, auf die Ersparnisbildung für Pensionsfonds, die ja gerade die gesetzlichen Systeme entlasten sollten, unnötig Abgaben zu wälzen. Das wäre bereits eine Sackgasse. Ab einer Grenze der Belastung schrumpft die Loyalität. Ein Teil des Einkommens muss frei bleiben für Vorsorge. Über dieses Geld verfügt man ja noch nicht, sondern erst später. Damit wird der Verzicht auf Besteuerung am Anfang noch lange nicht zur Subvention oder Förderung. Die nachgelagerte Belastung mit Abgaben – nämlich zum späteren Zeitpunkt der steuerlichen Leistungsfähigkeit – wäre der wichtigste Schritt herunter von der Baustelle Altersvorsorge.

Aktienpläne – langfristige statt kurzfristige Anreize

Die Beteiligung am Unternehmen gehört zu den Dauerbrennern in der Diskussion um das Vergütungsmodell der Zukunft. Doch ging es in der Vergangenheit um eine Abrundung der Sozialleistungen durch Belegschaftsaktien, Genussscheine, stille Beteiligungen oder Gewinnausschüttungen, so steht heute mehr auf dem Spiel. Aktienpläne, insbesondere Aktienoptionen sollen herausragende Leistungsträger an das Unternehmen binden, da dessen Aktienwert in Abhängigkeit von ihrem Namen, ihrer Innovationskraft und unternehmerischen Dynamik gesehen wird. Verlässt ein solches Erfolgsteam das Unternehmen, ist im Extremfall sogar der Fortbestand gefährdet.

Das Modell des Aktienoptionsplans

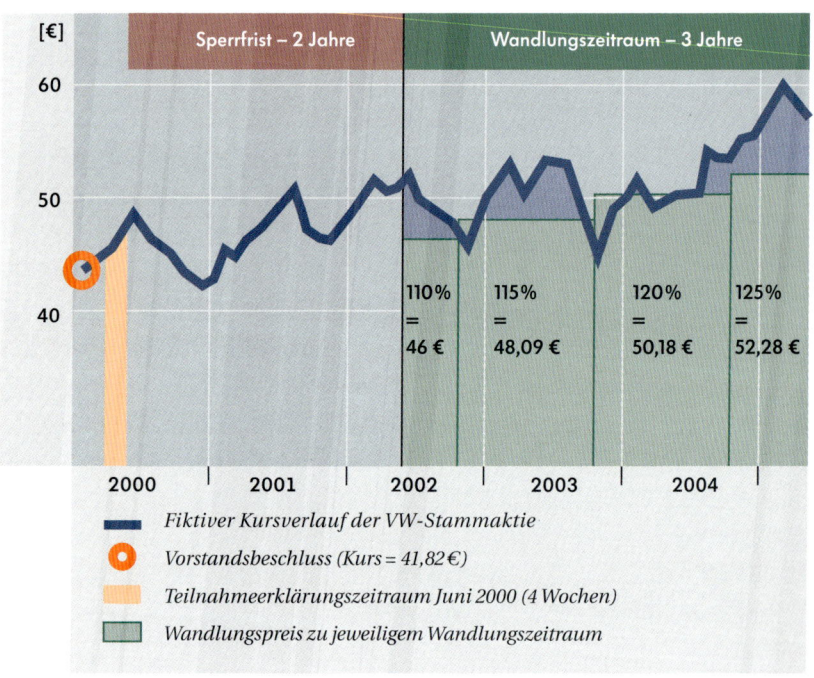

Fiktiver Kursverlauf der VW-Stammaktie

Vorstandsbeschluss (Kurs = 41,82 €)

Teilnahmeerklärungszeitraum Juni 2000 (4 Wochen)

Wandlungspreis zu jeweiligem Wandlungszeitraum

Über zukunftsorientierte Pläne soll der Wertschöpfungszuwachs als Quelle der Einkommenssteigerung wie auch als Motivator, sich persönlich zu engagieren, erschlossen werden. Die Unternehmenswerte und ihre glaubwürdige Zukunftsstory werden in eine Kursentwicklung der Aktie übersetzt, an deren Erfolg ein ganz wesentlicher Teil des Einkommens der Manager, aber auch der Mitarbeiter hängt.

Fast 10 Prozent des Grundkapitals haben die Aktionäre für ein bedingtes Kapital zur Verfügung gestellt, in das hinein alle Angehörigen der VW AG ihre Optionen wandeln können. Die Optionen wiederum begünstigen nur denjenigen, der sich an seiner persönlichen Zukunftsvorsorge über Zeit-Wertpapiere beteiligt.

Partnerschaft

Von der Mitbestimmung zum Co-Management

Wie realistisch ist ein Co-Management der Betriebsräte? Die Praxis zeigt, dass sich die Mitbestimmung vom Arbeitnehmerschutz immer mehr zu Themen der Unternehmensentwicklung und der Beschäftigungschancen verlagert hat. Das Anforderungsprofil für Arbeitnehmer-Vertreter wächst. Gestaltungsaufgaben verlangen viel häufiger Mitverantwortung für unternehmerische Entscheidungen als früher. Denn nur eigene Vorstellungen und Vorschläge sichern diese Teilhabe. Mitveranwortung wird zum Co-Management, die traditionellen und gesetzlichen Aufgaben der Betriebsräte bleiben bestehen, treten aber in den Hintergrund. Die neue Verantwortung endet jedoch nicht an den Landesgrenzen, sondern ist heute ein internationales Thema. Innerhalb des Volkswagen-Konzerns wurden ein Eurobetriebsrat und ein Weltbetriebsrat eingerichtet, die sich zur kooperativen Mitverantwortung verpflichtet haben.

Mitbestimmung ist deutsch. Dennoch kommt ihr eine überragende internationale Bedeutung zu. Vom Geheimnis des deutschen Wirtschaftswunders bis zum Schreckgespenst der europäischen Unternehmensreform taugte sie schon für viele Rollen. Sie hat die Diskussion um die Beteiligung der Arbeitnehmer im Wirtschaftsleben belebt, befruchtet, beschleunigt und auch irritiert.

Mitbestimmung war Synonym dafür, den Menschen am Arbeitsplatz – vor allem in anonymeren Großbetrieben – klare Rechte zu geben und ihrer Interessenvertretung einen institutionellen Platz im Unternehmen zu sichern. In anderen Ländern, vor allem in angelsächsischen und romanischen Arbeitskulturen liegt nach wie vor der Schwerpunkt bei den Verhandlungsrechten der im Betrieb vertretenen Gewerkschaften gegenüber der Geschäftsleitung, demgegenüber Ansätze einer Betriebsverfassung zurücktreten und oft lediglich Informations- und Beratungsgremien umfassen.

Über den Umweg des Euro-Betriebsrats hat das deutsche Modell doch noch Exportchancen erhalten. Das Janusgesicht Mitbestimmung lockt und grüßt dann beim Betreten der Betriebsverfassung mit der Kehrseite Mitverantwortung. So haben Manager anderer Länder ebenso wie deren Gewerkschaften jeweils andere Befürchtungen: Die einen hätten gerne nur die Mitbestimmung, die anderen hoffen auf mehr Mitverantwortung.

Inzwischen ist die Entwicklung längst vorangeschritten. Co-Management wird zunehmend abgefordert und vereinigt beides zur neuen Rolle: Die Mitbestimmungsbank – ob im Betriebsrat oder im Aufsichtsrat – muss sich dem unternehmerischen Prozess in einem viel früheren Stadium der Entscheidung und Verantwortung stellen. Denn Beschäftigungsauswirkungen werden heute Jahre vorher mit Entwicklungs- und Planungsentscheidungen gezündet. Nur über ein engagiertes Co-Management, das sich zu unternehmerischen Entscheidungen frühzeitig bekennt und sie mit Ideen beflügelt, aber damit auch Risiken und Fehleinschätzungen mitverantwortet, lassen sich zukünftig die Beschäftigungsinteressen einer Belegschaft wirkungsvoll vertreten.

Betriebsräte – eine reale Utopie

Am Anfang stand eine Utopie. Das Privateigentum mit der Beteiligung der Arbeitnehmer am Produktivvermögen und seiner kapitalistischen Nutzung zu versöhnen, Mitbestimmung durch Betriebsräte zu verwirklichen und gleichzeitig das Privateigentum mit seiner freien Verfügbarkeit zu beachten, wurde zur großen historischen Orientierung in der deutschen Entwicklung. Es ist heute zur sehr realen Utopie geworden, denn die Praxis der Mitbestimmung ist längst über die stumme Grundgesetz-Grenze, die das Bundesverfassungsgericht gezogen hat, hinausgewachsen, während die Mündigkeit der Arbeitnehmer mit neuen Formen selbstbeeinflusster Arbeit, Zeit und Vergütung mehr und mehr dem Modell der „unverzichtbaren kollektiven Interessenvertretung" durch Betriebsräte entwächst. Reale Utopie meint: Die Wirklichkeit hat die Vorstellung noch „getoppt" – mit dem Erfolg wurde aber auch die Institution Betriebsrat in ihren traditionellen Rollen relativiert.

Woraus beziehen die Betriebsräte als Institution ihre Kraft? Aus der Kompetenz des Berufs, aus dem Korrektiv des Sozialen und dem Konsens als tragendem Prinzip der Betriebsverfassung. Die Betriebsräte-Idee hat in historischer Sicht in Deutschland starke Wurzeln. Sie führen dazu, dass sie als Grundmodell heute von keiner Seite in Frage gestellt wird.

Die Idee der Betriebsräte hat eine liberale Wurzel, die bis in die ersten Reformen zur Gewerbefreiheit im 18. Jahrhundert zurückreicht und auf die in den Gewerbeordnungen für eine Berufsausübung verlangte Qualifikation zurückgreift. Der Arbeiter mit der meisten Berufserfahrung wurde Vertrauensmann. Vom Bergmann bis zum Handwerker verlieh langjährige Berufsausübung dem „Ältesten" die Autorität, um als natürlicher Sprecher der Arbeiter und Gesellen aufzutreten. So finden sich seit den Stein-Hardenberg'schen Reformen Ältestenräte in den Fabrikordnungen wieder. Dieser liberale Impuls führte später parallel zur starken Tradition der Kommunalverfassungen auch zu Ansätzen der Selbsthilfe und Unterstützungskassen in der Arbeiterbewegung und schließlich zu Elementen der Selbstverwaltung bei Einführung der sozialen Sicherung in Deutschland. Vorschläge einer konstitutionellen Fabrik mit Arbeiterausschüssen begleiteten diese Bewegung. Fachliche Kompetenz als Basis einer darüber hinausgehenden Sprecherrolle wurde den Betriebsräten in Deutschland in die Wiege der Erwartungen gelegt.

Die Betriebsräte-Idee hat aber auch eine sozial-revolutionäre Wurzel. Das erste Betriebsräte-Gesetz war 1920 Folge der Bewegung der Arbeiter- und Soldatenräte, die am Ende des Ersten Weltkrieges für kurze Zeit die Szene beherrschten und die Hoffnung auf Formen einer direkten Demokratie im Betrieb keimen ließen. Die Rätedemokratie hatte einen starken Rückhalt in der Arbeiter- und Gewerkschaftsbewegung, in der seit den ersten Mai-Kundgebungen internationale Vorstellungen einer freien und selbstbestimmten Assoziation der Arbeiter immer wieder diskutiert wurden. Es sollte das Gegenmodell zum ungezügelten Kapitalismus werden. Betriebsräte wurden hier als Gegenmacht zum vorhandenen und Vorstufe zum veränderten Eigentum an Produktionsmitteln begriffen. Ihnen kommt in dieser Tradition die Rolle einer „anderen, sozialen Rationalität" zu, die sie im Betrieb zur Geltung bringen und die letztlich die Sozialpflichtigkeit des Eigentums an Produktionsmitteln praktisch im Alltag sichern soll. Der Betriebsrat als soziales Korrektiv – so ist bis heute die Grundstruktur seiner Arbeit vom Gesetz her angelegt.

Eine dritte Wurzel der Betriebsräte-Idee stammt aus deutscher konservativ-korporatistischer Tradition. Die Integration neuer sozialer Bewegungen in den Staat und ihre Heranziehung zur Mitarbeit durch Mitverantwortung bildete ein weiteres Motiv für die Betriebsverfassung. In dieser Tradition liegt, einen Stand nach seiner Stärke an der Macht zu beteiligen und dadurch in den inneren Kreis der Konsensbildung einzubeziehen. Dieses im besten Sinne konservative Motiv, die Beteiligung der Arbeitnehmer in die Grundwerte der Gesellschaft mitaufzunehmen und sie dadurch zu stärken, führte bis zum Modell der sozialen Marktwirtschaft, das die Mitbestimmung akzeptiert und als wesentliches Element für seine soziale Verankerung betrachtet. Die Gewerkschaftsbewegung mit ihren Vertrauensleuten im Betrieb konnte danach nicht sich selbst überlassen bleiben – wie es im angelsächsischen Sprachgebrauch der labour relations als bipolare „Beziehung" angelegt ist. Sie mussten in die Institution des Unternehmens so eingebaut werden, dass die kooperative Konfliktlösung zur Normalität werden konnte. Dass Betriebsräte keinen Streik ausrufen dürfen und dieses Instrument außerhalb der Betriebsverfassung für im Kern überbetriebliche Tarifbeziehungen als Ultima Ratio reserviert bleibt, ist Ausfluss dieses „konsensbewahrenden Vertrauensprinzips". Betriebsräte als Mitverantwortliche – das ist von Anfang an ein konstitutives Element ihrer Rolle.

Von der Gegenmacht zum Mitmachen

Das öffentliche Image ist schlicht: Betriebsräte werden gewählt, Manager ernannt, Unternehmer geboren. Ein Betriebsrat kann abgewählt, ein Manager entlassen, ein Unternehmer insolvent werden. So überzeichnet das Bild sein mag, so sehr verdeutlicht es den Unterschied dieser Funktionen in der modernen Betriebsverfassung. Ein Betriebsrat kann sich in der Zeitfrist seines Mandats viel erlauben: Fragen, Kritik, Polemik, Ideologie, Blockade. Am Ende zählt nur der Erfolg durch Wiederwahl. Und stets eröffnet das Informations- und Versammlungsrecht im Betrieb die Chance zum Meinungsmonopol in der innerbetrieblichen Öffentlichkeit. Kommt noch ein Mandat im Aufsichtsrat hinzu, mit dem der Betriebsrat die Auswahl des Gegenübers beeinflussen kann, entsteht möglicherweise eine Aura eigener Unangreifbarkeit. Das mehrjährige, manchmal bis zur Pensionierung andauernde Mandat der Belegschaft wird zur schärfsten Waffe in der Interessenvertretung. Es trotzt dem Gegenüber eine Verhaltensweise ab, die schlicht lautet: An ihm … an ihr … komme ich nicht vorbei.

So wächst dem Betriebsrat eine überragende Macht in der Willensbildung im Unternehmen zu.

Weniger die harten Rechte des Betriebsverfassungsgesetzes sind es, die Unternehmer und Anleger schrecken, zumal um deren Auslegung auch eher in mittelständischen Unternehmen gerungen wird. Wenn es um die deutsche Mitbestimmung geht, besteht die Gefahr, dass Macht zu sorgloser Gegenmacht mutiert.

Die geschilderte Konstellation ist ein Grenzfall. Umso bemerkenswerter ist, dass die in den sozial-revolutionären Ursprüngen mit angelegte Ansicht, schutz- und wehrlosen Arbeitnehmern würde erst durch das ständige Dranbleiben der Betriebsräte Recht und Würde gesichert, nicht zu einer Arbeitskultur nach dem „Prinzip Widerspruch" geführt hat. Das etwas naive Verständnis, gut für die Arbeitnehmer sei, was dem Arbeitgeber schade, hat in Deutschland nie verbreitet Fuß gefasst, obwohl es bei den geschilderten Ausgangsbedingungen für Betriebsräte ein Leichtes wäre, Stimmungen „organisiert" hochzufahren und eine solche Meinungsmache durch moderne Medien noch schneller und manipulierbarer geworden ist.

Gerade deshalb ist es ein hohes Gut der Betriebsräte-Entwicklung in Deutschland, dass aus Gegenmacht ein Mitmachen wurde. Das Geheimnis der Mitbestimmung war, dass das dauerhafte „Dabeisein" organisiert wurde – ein Mitmach-Marathon von Sitzung zu Sitzung, Fachausschuss zu Fachausschuss und Zustimmung zu Zustimmung prägt das Amt über die Jahre. Und die Betriebsratsquellen reichen über Vertrauensleute und Mitstreiter bis in die letzte Verästelung eines Unternehmens. Betriebsratsprofis erleben – hinter der Bühne – keine Überraschungen mehr.

Vertrauensvolle Zusammenarbeit –
Paragraf 2 der Betriebsverfassung

Den Schlüssel zum Verständnis der deutschen Betriebsverfassung liefert Paragraf 2 des Betriebsverfassungsgesetzes: Er verpflichtet Arbeitgeber und Betriebsrat auf vertrauensvolle Zusammenarbeit zum Wohl der Arbeitnehmer und des Betriebs.

Tenören gewerkschaftlicher Kampfeslyrik mundet dieser Eingangsakkord nicht gerade. International wird dieser Teil der deutschen Betriebsverfassung auch am wenigsten verstanden. Vertrauen sei doch Ergebnis eines Prozesses und einer Verhaltensweise und könne nicht „verordnet" werden. Noch immer ist es Teil der offiziellen Programmatik des Deutschen Gewerkschaftsbundes, diesen Paragrafen entfallen zu lassen.

Gestandene Betriebsratsvorsitzende äußern jedoch auch anderes: Wer die vertrauensvolle Zusammenarbeit beherzigt, benötigt die anderen Paragrafen der Betriebsverfassung kaum noch.

Denn eine vertrauensvolle Zusammenarbeit beinhaltet, dass ein Wort gilt, eine Information hält, keiner den anderen übergeht und jede Vereinbarung steht.

Vertrauensvolle Zusammenarbeit macht aus Pflichten Selbstverständlichkeiten, die innerlich bejaht werden. Die wichtigste ist, dass auch unangenehme Entscheidungen und Entwicklungen vor der Belegschaft vertreten werden.

Das in manchen romanischen Ländern übliche Zustimmungsprinzip – „bestenfalls nicht dagegen zu sein" – reicht für die deutsche Betriebsverfassung nicht. Sie gestattet kein Mitläufertum, „mitgegangen, mitgefangen, mitgehangen". Die Mitbestimmung verpflichtet dazu, dass die Betriebsräte an irgendeiner Stelle im Verlauf einer Unternehmensentscheidung Ja sagen oder einen Kompromiss mitmachen müssen.

Qualifizierte Mitbestimmung, die noch mehr festschreiben und noch weniger loslassen will, könnte sich in den Gefechten der Vergangenheit verlieren. Wenn das Betriebsverfassungsgesetz von 1972 in vielem nicht mehr aktuell ist, so sind auch die Gegenpositionen von damals überholt.

Jede Fortschreibung der „vertrauensvollen Zusammenarbeit" hat heute das Vertrauen zu berücksichtigen, das direkt in den Mitarbeiter und die Mitarbeiterin zu investieren ist. Mündigkeit der Mitarbeit, Souveränität der Zeit, Wählbarkeit der Vergütungselemente, Eigenverantwortlichkeit des Lernens und Vereinbarung der Ziele – die Arbeitsplätze der Zukunft bedürfen immer weniger der Vorgaben von oben. Auch nicht durch Betriebsräte.

Damit kann der Ausbau der qualifizierten Mitbestimmung letzlich eben nicht mehr auf die Mitarbeiter und Ihre Arbeit zielen, sondern bewirkte nur die Neuaufteilung im eigentlichen Management der Zielerreichung selbst. Neue Ziele stecken, neue Produkte entwickeln, neue Märkte angehen, neue Prozesse einführen – versteht sich die Mitbestimmung im High-Tech-Speed des Wettbewerbs als klügerer Lokführer?

Die Funktionsfähigkeit der Mitbestimmung beruht auf der Stabilität der Vertrauensbeziehungen zwischen Menschen auf den verschiedenen Ebenen des Unternehmens – vom Vertrauensmann, der Vertrauensfrau vor Ort über die Betriebsräte und Manager in den Geschäftseinheiten bis zu Vorstand und Aufsichtsrat auf Unternehmensebene. Sie müssen sich verstehen und auch morgen noch miteinander erfolgreich sein wollen. Und gleichgültig, wie sich die Gesetzgebung weiterentwickelt, es bleibt das Rollenspiel: Zwang zum Konsens heißt, dass jede Seite die guten Argumente der anderen benötigt, um wiederum vor den eigenen Beschlussgremien zu bestehen. Ein Betriebsrat muss den Management-Standpunkt mitvertreten können. Das Management muss ihn vertretbar machen.

Mitbestimmung auf Unternehmensebene – ein Balanceakt

Betriebsräte größerer Unternehmen sind auch Aufsichtsräte. Gewerkschaftsfunktionäre werden bestellt und erhalten Einblick ins Geheimste. Aber es passiert noch etwas anderes: Der Verhandlungspartner des Vorstandes, vor allem des Personalvorstandes, wird Teil des dem Vorstand übergeordneten Organs. Der Partner erhält über das besondere Bestellungsverfahren des Personalvorstandes Einfluss darauf, wer ihm später gegenübersitzt. Die Betriebsräte sind mithin für die Managementqualität auf Topebene mitverantwortlich.

Weiterhin werden Investitionsplanungen und alle zustimmungspflichtigen, meist strategischen Entscheidungen im Aufsichtsrat verabschiedet. Betriebsräte werden zu Mitverantwortlichen des Shareholder-Value – bis hin zu Unternehmensverkäufen und Standortverlagerungen.

Da Stichentscheidungen in der deutschen Unternehmensmitbestimmung zur sehr seltenen Ausnahme gehören, sind aus „Mitbestimmern" praktisch „Mit-Träger" der deutschen Wirtschaft inklusive Globalisierung geworden.

Im Falle Volkswagen hieß dies: Aus sechs deutschen Standorten der VW AG wurden schließlich im großen Konsens elf deutsche Werke und 32 internationale. Die Auslandsproduktion beschäftigt nicht nur 150.000 Menschen jenseits der deutschen Grenze, an ihr hängen über Zulieferer noch einmal direkt 20 Prozent der deutschen Arbeitsplätze.

Personalentscheidungen und Investitionspläne, Shareholder-Value und Investor Relations – Betriebsräte und Gewerkschaften sind über die Unternehmensmitbestimmung Teil der
Mandats- und Machtbalance in Deutschland geworden.

Dabei pointieren die Betriebsräte im Verhältnis zu den
anderen Aufsichtsräten die Position der Innensicht des Unternehmens im Verhältnis zu den anderen Aufsichtsräten.
Sie können dieses umfangreiche Tageswissen in eine stetige
Hinterfragung der Verwaltung ummünzen. Doch diese Karte
wird selten gezogen. Es dominieren Bericht und sachbezo-
gene Aussprache. Und diese Balance wird ermöglicht, wenn
der natürliche Überlebenswille der Traditionsstandorte samt
Beschäftigung hinreichend beachtet und berücksichtigt wird.
Der Schlüssel zum Konsens heißt „Ja – nur nicht zu Lasten
deutscher Standorte". Schwierige Aufsichtsrats-Entscheidun-
gen für Investitionen werden deshalb immer häufiger von
„Standort-Vereinbarungen" auf Betriebsratsebene begleitet.
Die eine Ebene erleichtert Entscheidungen der anderen.

Betriebspartei – Aufsichtspartei – Tarifpartei: Die Funktionsfähigkeit der Mitbestimmung erfordert ein richtiges Rol-
lenverständnis und Vertrauensverhältnis, sonst knirscht und
reibt es zwischen den Handlungsebenen der Betriebsräte. Als
Aufsichtsräte bessere Bilanzen einfordern und höhere Ziele
für das Management herausfordern, dann als Tarifpartner die
Kostenhypothek nachhaltig vergrößern und den Bewegungs-
raum verkleinern und schließlich als Betriebsräte Anpassungen verzögern und Managementversagen anprangern – so
sieht der Albtraum schlafloser Nächte von Personalmanagern
aus. Und Mitbestimmung wird zum Balanceakt der Betriebsräte, denn jedes Überladen der einen Ebene führt zu einer
Schieflage.

Mitbestimmung lebt deshalb vom richtigen Maß. Dem Au-
genmaß – dem Vertrauen. Dem menschlichen Maß – dem An-
stand. Dem Ausmaß – dem Vertretbaren.

Die Arbeitswelt im Wandel – Beteiligung vor Ort

Seit der Einführung der Mitbestimmung in den 50er Jahren und ihrer Vertiefung in den 70er Jahren hat sich die Arbeitswelt dramatisch verändert.

Wochen-, Jahres- und Lebensarbeitszeit zusammen haben sich bei Volkswagen fast halbiert. Die Stechuhr ist verschwunden. Die Lebensbiografie ist gestaltbar geworden: Teilzeit, Qualifikations- und Familienpausen mit Wiedereinstellungsgarantien, Altersteilzeit sowie Zeit-Wertpapier. Die Kaufkraft hat sich vervierfacht. Die Qualifikation hat sich von 20 Prozent auf nahezu 100 Prozent Mitarbeiter mit Berufsabschluss, darunter fast 10 Prozent Hochschulabschluss (von einstmals 1 Prozent), erhöht. 40 Prozent profitieren von moderner Informationstechnik, weitere 50 Prozent arbeiten an teil- oder vollautomatisierten Anlagen. Der körperliche Schweregrad der Arbeit ist erheblich zurückgegangen. Neue Arbeitsformen wie Teamarbeit, Lernfabrik und kontinuierlicher Verbesserungsprozess haben Raum gewonnen. Die Führungsstruktur hat sich abgeflacht, die Mitarbeiterkommunikation verbreitert; Ziele werden vereinbart statt dekretiert.

In historischer Sicht wurden manche kühnen Träume von Betriebsräten erfüllt.

Das Bild einer durch Mitbestimmung kontrollierten und gezähmten Arbeitswelt ist dem der Mündigkeit und Selbstverantwortung in einer Beteiligung am Arbeitsplatz gewichen.

In dem Maße, wie neue Arbeitsformen Raum gewinnen, hätten Management und Mitbestimmung loslassen können und mehr Vertrauen in die Selbstregelung vor Ort investieren können.

Dennoch gibt es ein großes Zögern, und noch dominiert auf beiden Seiten die Tendenz, diesen Prozess der Beteiligung vor Ort wieder in viele Vereinbarungen zu kleiden. Die Befürchtung eines beidseitigen Rollenverlustes durch Nicht-Wahrnehmung der Mitbestimmung steht im Raum. Damit würde mehr Beurteilungsvermögen an den Einzelnen zurückgegeben. Wenn dieser meint, zum Beispiel ein zusätzlicher Rentenbaustein sei für ihn mehr wert als ein äquivalenter

Cash-Betrag, warum sollte die höhere Ethik des Tarifvertrages vom Einzelnen verlangen, das Geld heute bar zu empfangen. Eine weitere Beispielreihe bilden immer wieder Umstrukturierungsfälle, wo das Ganze auf dem Spiel steht. Betriebsräte möchten oft mit Zustimmung der Arbeitnehmer ein Sanierungsopfer bringen, um das Unternehmen zu retten. Denn hinter dem Wert des Arbeitsplatzes steht die Frage der Einkommensperspektive der nächsten Jahre. Dennoch besagt das Tarifrecht generell, dass weder ein Betriebsrat noch ein Mitarbeiter eine solche Wertung vornehmen und auf Tarifleistungen verzichten darf. Tarifliche Öffnungsklauseln helfen weiter. Doch ohne sie besitzt immer noch der nächste Zahlungsmonat ein höheres Gewicht als die gesamte Beschäftigungszukunft.

Es verlangt ein großes Umdenken beim Management wie bei den Gewerkschaften, auf Ausübung da zu verzichten, wo selbstbewusste und kompetente Mitarbeiter und Mitarbeiterinnen den Arbeitsprozess selbst gestalten und nicht mehr über Stellen, Aufgaben oder Anweisungen, sondern über vereinbarte Ziele und Ergebnisse gesteuert werden. Dem trägt die Tariflandschaft, die überwiegend Modelle der 60er und 70er Jahre gespeichert hat, noch viel zu wenig Rechnung. Vom Akkord bis MTM ging es immer um eine eng definierte Leistung vorhandener Aufgaben, deren Normalgrad zu definieren und zu bezahlen war. Aufgabe und Leistung mussten festgelegt werden, gleichgültig, ob sie sinnvoll oder überflüssig waren, ob sie noch den Arbeitsplatz sicherten oder ein Abstellgleis bildeten. Heute geht es beim dynamischen Wertschöpfungsprozess eher darum, in kurzen Zyklen neues Wissen und neue Marktchancen schnell umzusetzen und Mitarbeiter dazu zu motivieren, ihre Arbeitsweise entsprechend weiterzuentwickeln. Die Leistung muss dem Besten, den ertragreichsten Chancen folgen, um die Arbeit im Markt zu halten.

Volkswagen liegt bei den Beteiligungsmodellen sicherlich auf einem Spitzenplatz: Beteiligung vor Ort von Teamarbeit über Ideenmanagement bis hin zum ersten tariflichen Ansatzpunkt für „Arbeitszeit-Souveränität", Beteiligung im Vergütungsprozess von der Beteiligungsrente über Zeit-Wertpapiere bis hin zu Aktienoptionen, Beteiligung des Betriebsrats in der Unternehmensentwicklung von Standort-Symposien über den Last Call für Fertigungsumfänge bis hin zu gemeinsamen Strategie- und Planungskonferenzen. Überall lösen prozessorientierte Beteiligungsmodelle den klassischen Mitbestimmungsansatz ab, bei dem alles über das Direktionsrecht des Managements lief und die betriebsrätlichen Reißleinen nur dann gezogen wurden, wenn irgendwo personelle, soziale oder vereinbarungsrelevante Konsequenzen auftraten.

Beteiligung wird über den Prozess zur Normalität, Direktion wird darin zur Ausnahme.

Euro- und Weltbetriebsräte – konkrete Erfahrungen in neuen Dimensionen

Volkswagen hält einen weiteren Spitzenplatz inne, den der frühzeitigen Entstehung eines Euro- und Weltbetriebsrats.

Es spricht für die Qualität der Betriebsräte, den internationalen Kontakt zu suchen und gezielt aufzubauen. Und für das Management konnte sich der ernsthafte Wille zur Kooperation und sozialen Verantwortung nicht auf lokale Themen beschränken. Die Globalisierungswelle half dann noch nach. So waren die Errichtung eines Eurobetriebsrats 1992 und eines Weltbetriebsrats 1999 nur folgerichtig.

Grundsätzlich wurde dabei das Modell „Betriebsrat" übernommen und dieser damit als Gesprächspartner definiert. Damit werden für die internationale Zusammenarbeit keine neuen Partner gewählt, sondern die Gesprächsebenen Betrieb-Europa-Weltkonzern jeweils mit identischen Personen ausgestaltet. Spiegelbildlich bestätigen sich die Vereinbarungspartner darüber hinaus, dass die jeweiligen Rechte und Pflichten der nationalen Verhandlungspartner wie auch der Unternehmensorgane unberührt bleiben und damit weiterhin Vorrang behalten. Auf dieser Grundlage, die auf Vertrauensbildung und Kontinuität bei den Gesprächsführern angelegt wurde, konnte früh eine offene, thematisch unbeschränkte und problemorientierte Kommunikation beginnen.

Praktisch hatte es natürlich zur Folge, dass eine kooperative Konfliktlösung als Konzern-Verhaltensweise überall und von beiden Seiten eintrainiert wurde. Mit mangelnder Sensibilität, fehlender Kreativität oder unzutreffenden Argumenten bei Konfliktlösungen fielen Manager plötzlich auf. Betriebsräte wiederum konnten sich nicht mehr Entwicklungen entziehen, die in anderen Ländern schon weiter fortgeschritten waren. Dies galt etwa für den Ausbau atmender Zeit-Modelle. Seit 1996 stieg im Konzern der Anteil der Belegschaft mit Zeitbanking von 30 Prozent auf über 90 Prozent. Weitere Beispiele: Die Geltung der Gesundheitsliga mit internationalen Standards

Der Volkswagen-Weltkonzernbetriebsrat

wuchs auf nahezu 100 Prozent. KVP-Workshops wurden weltweit eingeführt, die Ideen-Liga mit entsprechenden Systemen des Ideenmanagements befindet sich im Rollout. Die Internationalisierung wirkt letztlich als Beschleunigungs- und Qualifizierungsfaktor. Soziale Verantwortung wird im heutigen

Zusammenrücken der Welt in der Kommunikation und Verbundenheit unteilbar.

Soweit die Sonnenseite dieser internationalen Erfahrungen. Standhalten müssen die Grundsätze auch bei großen Beschäftigungsverlagerungen, großen Streiks und nationalen Differenzen. Was geschieht bei wirtschaftlichen Abstürzen? Oder bei existenziellen Katastrophen?

Hier zeigt sich die Stärke einer funktionsfähigen, authentisch geführten Zusammenarbeit auf europäischer und internationaler Ebene.

Was haben die Gremien bisher geleistet? Sie organisierten eine große, effiziente Solidaritätsaktion anlässlich der Hochwasser-Katastrophe an Oder und Neiße in Polen und Tschechien. Dies spiegelte sich dann zwei Jahre später in der Unterstützung des zuständigen Regierungsbezirks bei der Gründung des Motorenstandorts Polkowice.

In Brasilien konnte mit erheblicher Unterstützung des Weltbetriebsrats die zuständige Gewerkschaft überzeugt werden, die 4-Tage-Woche als Alternative zu Entlassungen zu diskutieren und einzuführen.

Ressentiments konnten durch die ausgestreckte Hand des Unternehmens und seiner internationalen Arbeitnehmervertreter abgebaut werden. Im größeren Ganzen mit der hohen Transparenz halten sich nicht lange Stimmungen, der Konzern habe es darauf abgesehen, gerade dieses eine Land mit seinem Standort zu knebeln. Und schließlich trägt der Weltbetriebsrat von Volkswagen auch schwierige Unternehmensentscheidungen mit. Ein Weltbetriebsrat entwickelt Standards: Eigene Urteilskraft ersetzt allzu einfache Solidaritätsbekundungen.

Kann die Mitbestimmung auf internationale Gremien übergehen?

Aus Sicht der praktischen Erfahrungen scheint dies eher eine Frage an diese Gremien selbst zu sein. Denn für eine effektive Mitbestimmung müssten sich die Arbeitnehmervertreter schon zutrauen, sich stets auf eine gemeinsame Position verständigen zu können, die dann mit der Unternehmensleitung besprochen und in bestimmten, machbaren Fällen auch verhandelt werden kann. Das Verhandlungsmandat müsste in vielen Fällen auf das internationale Gremium übertragen werden.

Hier steht noch ein langer Weg bevor. Denn in vielen Ländern existiert nicht das Mandat im Sinne der deutschen Betriebsverfassung. Viele Betriebsräte von Portugal bis Südafrika, von Spanien bis Brasilien müssen sich das jeweilige Verhandlungsmandat auf der Basis von „Plattformen" immer wieder in Massen- oder Mitgliederversammlungen holen. Argumente aus einem Weltbetriebsrat werden hier noch nicht gehört.

So heißt es in der von allen Arbeitnehmervertretern des VW-Weltbetriebsrats unterzeichneten Vereinbarung, die die Grundlage des Erfolgs in der Wettbewerbsfähigkeit verankert: „Soziale Verantwortung und Wettbewerb schließen sich nicht aus, sondern sind miteinander vereinbar. Diese Vereinbarkeit sicherzustellen, ist die Zielsetzung des globalen sozialen Dialogs innerhalb des Volkswagen-Konzerns. Hierzu verpflichtet sich der Volkswagen-Weltkonzernbetriebsrat zur kooperativen Mitverantwortung."

Eine neue Verhaltenskultur

Dass Wissensvorsprünge nicht mehr monopolisierbar sein werden, wird eine Erfahrung von Management und Betriebsräten werden. Damit droht aber auch ein Vorteil der gemeinsamen Gremien und Foren verloren zu gehen: das authentische Gespräch, das qualitative Standards für die glaubwürdige Information und Meinungsbildung schafft. Die globale Interaktivität eröffnet dagegen nun auch große Möglichkeiten für Manipulation, Opposition und „Infektion" (Viren).

Für die Zusammenarbeit im Unternehmen werden deshalb auch neue kompetente Umgangsformen erforderlich: Eine Verhaltenskultur wird es für diese neuen Medien geben müssen. Und es muss der persönliche, authentische Dialog zwischen Menschen weiterhin ermöglicht und gefördert werden.

Dabei werden Fragen der digitalen Nutzung gemeinsam zu beantworten sein: Wird es einmal Betriebsratswahlen per

Intranet geben? Werden Betriebsversammlungen durch Intranet-Radio und -TV abgelöst? Wird es die tägliche Mitarbeiterbefragung – „Wie geht's?" – als Stimmungsbarometer geben? Werden sämtliche Informationsdienste und Mitarbeiterzeitungen nur noch papierlos geliefert? Finden Sprechstunden im Chatroom statt? Werden Videokonferenzen per Internet zum Standard? Werden wichtige Mitbestimmungsaufgaben obsolet, wenn zum Beispiel die Leistung sich von der Anwesenheit im Betrieb löst, virtuelle Büros und Assistenten verfügbar werden? Was geschieht, wenn eine 24-Stunden-Arbeitswelt über alle Standorte von Shanghai bis São Paulo möglich wird, weil Teams virtuell im gleichen Cyberspace zusammenwirken können?

Die globale und virtuelle Arbeitswelt der Zukunft lässt sich nicht vorhersagen; sie wird erfunden, entwickelt und beherrscht – oder die Welt zieht weiter und lässt das eigene Unternehmen in der Vergangenheit zurück. Für die weitere Mitbestimmungsdiskussion wird es deshalb entscheidend sein, wie schnell erkannt und mit Zielen und Inhalten gefüllt wird, welche Potenziale uns in rasender Geschwindigkeit zuwachsen und das Antlitz unserer Arbeit und Produkte verändern. Gerade im und rund ums Auto der Zukunft verschieben sich die Anteile zu Elektronik, Software, Internet und Medien gewaltig. Die Dienstleistungs- und Informationsgesellschaft wird nicht nur Produkt und Service revolutionieren. Auch Tabus fallen reihenweise, die gewerkschaftliche Beschlusstraditionen zierten: Teilzeit, Flexitime, Telearbeit, Zeitarbeit, Ladenschlusszeiten, Work on Call, Wochenend-Arbeitsmodelle, Mini- und Zweitjobs – vieles wird tariffähig oder entscheidbar, was noch vor Jahren gegen eiserne Grundsätze verstieß.

Das Selbstmanagement der Mitarbeiter und Mitarbeiterinnen wird durch die IT-Kompetenz in einer IT-Unternehmenswelt so sehr wachsen, dass die Profil-Erweiterung zum Unternehmer vor Ort realistisch wird. Wird das Unternehmen nicht durch einen großen unternehmerischen IT-Aufbruch von innen bewegt, fegen es vielleicht andere vom Markt. „The war of talents" hat heute schon eingesetzt – und die fähigsten Köpfe drängen in die unternehmerische Selbstständigkeit.

Mit dieser Selbstständigkeit und ihren unkomplizierten Arbeitsbedingungen sowie den Chancen, am Wertzuwachs über Optionen teilzuhaben, müssen Unternehmen wie Volkswagen künftig konkurrieren können.

Co-Management: Warum unternehmerische Verantwortung überlegen ist

Der Wandel vieler Standorte zu neuen Geschäftsorganisationen – Business Units – kennzeichnet die Bereitschaft zur unternehmerischen Verantwortung. Diese Entwicklung wird von aufgeschlossenen Betriebsräten kraftvoll gefordert und kräftig gefördert.

Der damit verbundene Einstellungswandel lässt sich auf die Formel bringen: Der Betriebsrat stellt sich bewusst dem offenen Feld des Wettbewerbs.

Statt unter das Dach des Konzerns ins wärmende Nest der großen Zahlen zu kriechen, soll eine eigene Gewinn- und Verlust-Rechnung transparent machen, wo man wirklich steht. Statt auf Aufträge und Beschäftigung zu warten, dockt sich die Business Unit bei allen Abnehmern mit Modulmontagen vor Ort an und baut einen eigenen Vertrieb auf. Die stetige und bequeme Grundhaltung: „Alle Beschäftigten werden gebraucht", wird durch ein Zukunftssensorium ersetzt: Wie viele Arbeitsplätze sind wegen Unwirtschaftlichkeit, begrenzten Entwicklungspotenzials eines Produkts oder Neuentwicklungen im Markt gefährdet? VW-Betriebsräte kommunizieren dies in aller Offenheit, kämpfen aber gleichzeitig für neue Fertigungsumfänge und identifizieren Zukunftsfelder. So informierte zum Beispiel der Braunschweiger VW-Betriebsrat die Belegschaft 1994 über eine aufkommende Beschäftigungslücke von 2300 Arbeitsplätzen bis zum Jahr 2000. Strategieklausuren, Standortsymposien, gezielte Arbeitsgruppen zur Beschäftigung (zum Beispiel eine Werkzeugbau-Kommission) und immer wieder erfolgreiches Erstreiten von Aufträgen im Global Sourcing-Prozess durch Übertrumpfen der Wettbewerber – das war ein harter Weg in einem neuen Stil. Die 1994 drohende Lücke wäre ein Minus von 50 Prozent Beschäftigung gewesen. Tatsächlich hat der Standort heute durch die erfolgreiche Anstrengung von Business Unit Management und Betriebsrat beziehungsweise Belegschaft 30 Prozent Beschäftigung hinzugewonnen!

Strategisches Denken, unternehmerisches Verhalten, Anerkenntnis des Standes im Wettbewerb, Ergebnisorientierung und Identifizierung von neuen Produktchancen – wer dies alles als Betriebsrat vorbringt und als Voraussetzung für neue und sichere Arbeitsplätze erklärt, betreibt im besten Sinne Co-Management. Für diese Betriebsräte steht der Kampf um Märkte und Produkte vor dem Verteilungskampf. Sie fordern häufiger Managerqualitäten als Managerzugeständnisse ein.

Unternehmerisches Handeln ist einfach überlegen. Man muss den Wandel vorantreiben, um ihn gestalten zu können, statt sich machtpolitisch dagegen anzustemmen und ihn auszusitzen, bis es den Boden unter einem wegreißt. Denn Wettbewerb heißt heute, auf einem Teppich zu laufen, der unter einem fortgezogen wird, um gleichzeitig bewegliche Ziele zu treffen. Das Gefühl der Sicherheit kennt hierbei nur noch derjenige, der schneller läuft, als der Boden entgleitet.

Die Entzauberung der Ideologien – oder die Unausweichlichkeit der Fakten

Die Härte des Wettbewerbs entzieht dem herausgearbeiteten Gewinn das Stigma des Unsittlichen. Betriebsräte verfügen heute über alle wesentlichen Unternehmensdaten und -pläne, einschließlich der Benchmarking-Ergebnisse aus dem Global und Forward Sourcing. Sie wissen, wie schwer Kostenvorsprünge zu erreichen und zu halten sind. Und wie schmal der Grat zum Arbeitsplatzverlust ist.

Max Weber hat der Gesinnungsethik die Moral der Verantwortung entgegengesetzt. Verantwortungsethik bezieht die beabsichtigten und unbeabsichtigten Folgen mit ein. Sie wertet auch die Revidierbarkeit, damit zukünftige Generationen nicht vorbelastet werden und ihre Lebensgrundlagen und -chancen behalten. Verantwortung setzt kürzer an, um länger zu halten. Mit dem Kopf die Ziele, mit dem Herzen den Erfolg – an Leidenschaft und Beharrlichkeit darf es in einer Moral der Verantwortung nicht fehlen, doch sie darf niemandem zu Kopf steigen.

Die Transparenz des global village, die Verwissenschaftlichung der Erfahrung und der Wandel der Werte hin zur Individualität haben zur völligen Entzauberung der großen Ideen- und Handlungsmodelle in der Geschichte geführt.

Ideologien, Weltreligionen und Endvisionen verloren sichtlich ihren Einfluss auf die Arbeitswelt. Gläubigkeit und Heilserwartung sind der Tatkraft und dem Selbstbewusstsein kompetenter Arbeitnehmer und Arbeitnehmerinnen gewichen. Die Anthropologie des Menschen setzte sich durch, die dem Menschen ein offenes Schicksal und fehlbares Handeln zurückgab. Energie, Begabung, Intelligenz, Sozialität, unternehmerisches Potenzial – die meisten Menschen besitzen von allem genug, das eine selbstbestimmte Teilhabe an der Gesellschaft und Wirtschaft ermöglicht.

Die Wissensgesellschaft entstand, die niemandem mehr den dornigen Weg des Lernens, der Urteilsfähigkeit und der Information erspart. Fakten werden unausweichlich. Jenseits möglicher Überzeugungen wächst die Konvergenz. Wenn 95 Prozent der Tatsachen unbestreitbar bleiben, wird auch um den Rest weniger gerungen. Wissen hat den Vorzug, dass es durch Weitergabe wächst. Und stets erscheint der Horizont der Möglichkeiten reicher als die Gegenwart des Begrenzten. Die Wissensgesellschaft produziert laufend neue Optionen mit neuen Technologien.

Management und Mitbestimmung kommen überhaupt nicht mehr umhin, die Kompetenz vor die Funktion zu setzen. Die Autorität der Gewählten und Erkorenen tritt ab. Die Zeit der letzten Dinge, des Nicht-Hinterfragbaren geht zu Ende.

Wie viel Arbeit verträgt der Mensch? Was ist ein gerechter Lohn? Wem dient die Wirtschaft? Welche Frage hat schon einmal weitergeholfen? Über Fakten kann man sich einigen: Lösungen werden denkbar, Wege gangbar, gerade wenn sie nicht mehr ideologisch diskutiert werden müssen.

Betriebsräte – ein Zukunftsprofil

Wie realistisch ist ein Co-Management der Betriebsräte?

In der Informations- und Dienstleistungsgesellschaft verschärfen sich die Maßstäbe für Leistung, Qualität und Kundenwert dramatisch – was gestern noch gut war, lässt sich heute nicht mehr an Mann oder Frau bringen. Dem gleichen Verfall wie das Wissen sind auch alle anderen Werte ausgesetzt. Die Einebnung aller Vorsprünge und Vorbilder macht uns zu Gejagten. Wer stehen bleibt, fällt zurück. Auch Betriebsräte sitzen in dieser Innovationsfalle der Wissensgesellschaft. Die Zeit wird kommen, wo mit dem Hinweis auf Gestern und Heute kein Blumentopf mehr zu gewinnen ist. Professionalität lässt sich nicht ersitzen. Der Job des Betriebsrats wird härter – oder überflüssig.

Sich über Standards von Betriebsräten international Gedanken zu machen und Zukunftsprofile zu definieren, ist überfällig.

Kompetenz vor Funktion, Verantwortung vor Gesinnung, Konsens vor Konflikt – diesen Wandel hatten wir schon. Hinzu kommen mit rasender Geschwindigkeit neue Herausforderungen: „Net-ready" – Zugang zur globalen, multilingualen und virtuellen Arbeitswelt zu finden. Und „take-off" – nämlich eine Grundgeschwindigkeit in der eigenen Veränderungsfähigkeit zu erreichen, um überhaupt an Höhe, Überblick und Steuerungsfähigkeit zu gewinnen. Managementqualität wird unabdingbar: vom Selbst-Management über ein Wissens- und Teammanagement bis hin zum Co-Management zum Unternehmen. Rückzugspositionen wird der bis zur Grenze gesteigerte Wettbewerbsdruck auch Betriebsräten abschneiden. Das Schicksal, im gleichen Unternehmen zu arbeiten, wird unteilbar.

Zeitzonen – 24 Stunden – neue globale Arbeitswelt

Zeitzonen

24 Stunden – neue globale Arbeitswelt

*Weltarbeitsplätze – Entfernungen werden ignoriert,
Geschwindigkeiten forciert, Qualitäten inszeniert.
Die Globalisierung zwingt zur Modularisierung der
Arbeit. Kaum ein Produkt oder eine Dienstleistung kann
auf internationale Zulieferungen von Komponenten oder
Know-how verzichten. Im Wettlauf um die Zukunft
werden die Unternehmen vorne liegen, die die besten
Arbeitsgruppen, die kreativsten Köpfe, die „Job-Maker"*

*weltweit am effektivsten zu bündeln vermögen. Virtuelle
Teams sind der Schlüssel zum Erfolg. Ihr Wettbewerbs-
vorteil liegt in der schöpferischen Zusammenarbeit über
Grenzen und Zeitzonen hinweg, gerade, als wenn nie
die Sonne unterginge. Wir stehen erst am Beginn dieser
Entwicklung.*

Die Job Revolution entlässt ihre Kinder in Weltarbeitsplätze. Geld – Ware – Dienstleistung: Dass unsere Geld- und Kapitalmärkte inzwischen global funktionieren, wird nicht mehr in Zweifel gezogen. Dass die Welt zu einer Einkaufsmeile geworden ist, wo im Grunde überall alles beschafft, angeboten, hergestellt und mehr und mehr auch entwickelt werden kann, dringt ins allgemeine Bewusstsein vor. Auch die Dienstleistungen, die schon zwei Drittel des Weltsozialprodukts ausmachen, wachsen in globalen Dimensionen. Die Internet-Ökonomie ist das schlagendste Beispiel dafür. Dies hat Konsequenzen für die Arbeit der Menschen, die diese Geld-, Waren- und Dienstleistungsmärkte Tag um Tag als Job-Geber erleben.

Entfernungen werden ignoriert. Arbeitsplätze in China, Indien, den USA, Russland oder der Europäischen Union treten in direkten Wettbewerb miteinander. Es ist keine Green Card nötig, um Ingenieur- oder Entwicklungsleistungen aus einem beliebigen Standort für den Weltmarkt zu erbringen. Bei Volkswagen hat ein 24-stündiger Entwicklungsprozess begonnen. In der Arbeitswelt der Zukunft geht die Sonne nicht mehr unter.

Geschwindigkeiten werden forciert. Vernetzte Arbeitsplätze lassen die hohe Lern- und Realisierungsgeschwindigkeit nur noch mit Welt-Arbeitssprachen und -methoden bewältigen. Wissensmanagement erhebt das virtuelle Office und den virtuellen Service zum eigentlichen Geschäftsprozess – und degradiert die persönlich erlebte Wirklichkeit zum punktuellen Ausschnitt, gar zur Sekundärerfahrung. Entweder man kann sich in Netzen mit Nutzen bewegen, oder man wird zum Analphabeten der Hypermoderne. Das Tempo, mit dem neue Infrastrukturen für unsere Arbeitsplätze in der Zukunft entstehen, ist gnadenlos.

Qualitäten werden inszeniert. Schon lange erkennen wir, wie sich die Wahrnehmung durch das Dauer-Entertainment in unserer Multimedia-Gesellschaft verändert. Die Suche nach immer neuen Effekten, Gags, Shows und Live-Berichten rund um den Globus hat das Gefühl für Wirklichkeiten ohne Unterhaltungscharakter geschwächt. Kunden erwarten den

24-Stunden-Service, die Rund-um-die-Uhr-Information, aber alles bitteschön sinnlich-verführerisch präsentiert. Selbst die Panne muss noch zum Erlebnis werden.

Die Folgen dieser Veränderungen sind gut erkennbar:

– Globalisierung zwingt zur Modularisierung der Arbeit: Alle Aggregate, Komponenten, Teile und Technologien müssen weltweit einsetzbar sein. Nur so kann sich ein Wettbewerber in der globalen Einkaufsmeile behaupten – und das bedeutet: Normen, Zulassungsvorschriften und Kundenanforderungen aus möglichst vielen Märkten sind schon in die Produktspezifikation einzubringen. Das Wissen um den Japan-Polo muss bei den Mitarbeitern in Bratislava vorhanden sein, für den England-Golf benötigen wir es in Uitenhague, für den Nordamerika-Passat in Emden und für den Europa-New Beetle in Puebla.

– Globalisierung zwingt zur Integration der Arbeit mittels einer weltweiten Systemlandschaft über alle Verästelungen des Unternehmens hinweg. Globale Kommunikationsfähigkeit wird zum Überlebensfaktor. Keine Stückliste, kein Auto! Und zwar nirgendwo!

– Und Globalisierung zwingt zur Qualifizierung der Arbeit. Viele Abstufungen werden hinfällig. Der Unterbau aus Regional- und Bezirksliga entfällt in immer mehr Märkten. Entweder man spielt in der Champions League oder überhaupt nicht mehr mit. Der rauhe Wind des Weltmarktes weht an immer mehr Arbeitsplätzen. Nur noch Nischenspezialisierung kann befristet Sicherheit bieten.

24-Stunden-Entwicklung, Fertigung, Marketing und Service in globalen Dimensionen bieten mit neuen Formen der Flexi-, Tele- und Foreign-Service-Arbeit einen Vorgeschmack auf diese Phase der Arbeitswelt.

Per Interface können wir zukünftig aber nicht nur Informationen steuern, sondern die reale Welt selbst. Denn Schnittstellen können Positionen, Bewegungen, Farben, Töne, Temperaturen und Gerüche in Einsen und Nullen übertragen und damit jeweils über eine Informations-Infrastruktur abbilden.

Konzepte, Kompositionen, Kooperationen und Kontrollen werden möglich – weit von dem Ort entfernt, an dem sich der bedienende Mensch aufhält. Schneller als die Geschwindigkeit, in der diese Kreativität vom Menschen hervorgebracht werden kann. Und hinausgehend über alle Vorstellungskraft von der Qualität als Erlebnis, oder besser: als Gesamtkunstwerk.

Von Netzwerk-Partys zur Dekonstruktion der alten Arbeitswelt

Mit diesen Veränderungen rückt eine globale Arbeitskultur und Arbeitswelt erstmals in greifbare Nähe.

Die nachwachsende Generation feiert schon heute Netzwerk-Partys und wird einmal mit einer Selbstverständlichkeit im Netz Meetings abhalten, Produkte vorstellen, Wissen einbringen, Experten beteiligen und überhaupt zusammenarbeiten, als wäre doch ein direkter persönlicher Austausch da. Ein Meeting ist zu organisieren: Die Übertragung wird Mienenspiel, Gesten, Äußerungen und Antlitz zu einer fast realen Konferenz zusammenführen – eine Aufgabe des Konferenzmanagers der Zukunft. Man sieht sich im Netz zusammensitzen – die Realität wird verdoppelt und dabei „verbessert".

Für diejenigen, die damit aufgewachsen sind, entsteht eine neue Sphäre exklusiver Kommunikationsformen, gegen die Tagungen früherer Art mit ihrer Verbal-, Fach- und Präsentationsakrobatik verblassen.

300.000 Menschen auf eine virtuelle Betriebsversammlung einzuladen, ist bei 100 Prozent IT-Kompetenz möglich. Wir müssen uns befreien von dem Denken, dass hier Grenzen existieren. Sie werden da sein, aber weit von dem entfernt, was wir heute dafür halten.

Ein Beispiel: Auktionen haben im Business to Business schon begonnen. Die so genannte Dekonstruktion der typischen Lieferantenbeziehung ist voll im Gange. Hier sitzt man nicht mehr zusammen und jammert über neues Investment, schmale Kapazitäten, hohe Änderungskosten, frühere Verdienste, persönliche Beziehungen und schwierige Betriebsräte. Hier geht es direkt zur Sache – hält man mit, steigt man aus? Auf welchem Platz liegt man im Rennen, kommt man unter die letzten zwei? Der Schleier ist fort, die Nerven liegen blank, die Kostenkompression wirkt – und am Ende entsteht ein Preisniveau, das noch über die Ziele des Einkäufers hinausgeht. Im persönlichen Gespräch hätte man beim target aufgehört. In der Auktion ist erst Schluss, wenn nichts mehr geht.

Diese Dekonstruktion bisheriger Arbeitsbeziehungen setzt sich im B2C – Business to Customer – fort. Dann werden die Hersteller der Endprodukte und Dienstleistungen, die heute den Rahm aus den B2B-Beziehungen zu ihren Lieferanten abschöpfen, selbst betroffen sein. Auch sie werden auf B2C-Marktplätzen Orderlisten großer Händler- oder Konsumentenplattformen gebündelt finden und dann im Rennen gegeneinander Kontingente platzieren müssen.

Und letztlich wird auch im Business to Employee – B2E und E2E – das „free for all" feste Abstimmungskreise, hierarchische Informationsvermittlung und standortbezogene Aktivitätszentren ersetzen. In der 24-Stunden-Welt werden Geschäftsprozesse völlig anders funktionieren.

Face to Face on Highway Race

Face to face-Beziehungen werden zunehmen, statt Masse ist Klasse möglich, ebenso der 1 to 1-Service und der individuelle Arbeitsplatz, der mit allen notwendigen Geschäftsprozessen versorgt ist. Updates verstehen sich von selbst – jeder wird merken, wenn das Lerntempo die Schmerzgrenze persönlicher Kompetenz erreicht.

Die Vorstellung, die 24-Stunden-Arbeitswelt würde noch weiter in die Anonymität abrutschen, geht fehl. Die Kid-Generation des IT-Zeitalters leitet einen erheblichen Teil ihrer Basisfähigkeiten aus der souveränen Nutzung einer weltweiten IT-Infrastruktur ab, die das Gespräch ergänzt und sogar verstärkt. Dass es ersetzt wird, kann aus bisherigen Erfahrungen nicht behauptet werden. Persönlichkeit wird eben nicht überflüssig, gerade weil der schieren Überredungskunst der

Synergien durch Wissensmanagement

Meetings und dem latenten Überraschungsmoment der Gremien weiter der Boden entzogen wird.

Das Web wird neben einem gigantischen Überfluss des Überflüssigen intelligenter werden, denn darin liegt ein Geschäftspotenzial und die Erleichterung im Arbeitsprozess. Kontext- werden Suchmaschinen ersetzen, Portale für den Benutzer konfigurierbar – die aufdringliche Information entfällt. Web-basiertes Lernen bereitet auch noch auf die Abstürze am PC und im Netz vor und verwandelt sie in sinnvolle Lernschritte. Navigation führt mit Komfort durch die gelben Seiten zu den richtigen Helfern. Das personalisierte Net lernt mit dem User mit. Benutzerprofile werden zur zweiten Firewall gegen unerwünschte Besuche. Ein rollenbasiertes Arbeiten entsteht über Workflow und Routing. Kommunziert werden kann in Echtzeit. Diese Entwicklungen entgrenzen das Arbeiten. Auch ein Team, das bisher am Band einer Montage stand, gewinnt neue Kompetenz. Es könnte die Steuerung von Produktivität, Logistik, Qualität und Instandhaltung selbst moderieren. Denn laterale Informationen können an den Ort der Problemlösung geroutet werden. Wo heute nach Ausschuss, Fehlern und Toleranzen sortiert und nachgebessert wird, lässt sich künftig das angestrebte Ziel über Kommunikation im Prozessfluss erzeugen.

Modulare Weltarbeitsplätze

Die globale 24-Stunden-Welt schläft nicht. Wer irgendwo in der weiten Welt morgens aufsteht, findet bereits ein verändertes Umfeld für seine Arbeit vor. Das ist die existenzielle Herausforderung jedes Welt-Arbeitsplatzes. Ein Markteinbruch, eine Währungskrise, ein Börsenverlust, ein Produktproblem, ein Serviceausfall – Negativmeldungen flattern wie der berühmte Flügelschlag des Schmetterlings herein, der nach der Chaostheorie zur Erschütterung des ganzen Arbeitsumfelds führen kann. Aber auch good news können kommen, die Chancen versprechen. Ein Regierungswechsel, eine Innovationsmeldung, ein neuer Markt, eine Zinssenkung – die neue Ausstrahlung ist da.

Das zwingt die Entwicklung einer globalisierten Arbeitswelt in eine unerwartete Richtung. Denn viele Beobachter nahmen in den vergangenen Jahren an, im Wettbewerb entstünden Produkte, Standorte und Unternehmen, die vom lukrativsten Platz aus für den Weltmarkt entwickelt, gefertigt und vertrieben würden, zum Beispiel das Weltauto X aus der Region Y. Man konzentrierte sich auf Wissensmonopole, die Arbeit für den Weltmarkt anziehen, etwa das Silicon Valley, oder auf Förderzonen, die um der zusätzlichen Arbeitsplätze willen Werke, Infrastrukturen oder Steuer- und Handelsbedingungen fast zum Nulltarif ermöglichten. Doch dies überschätzt die Machbarkeit, ein Produkt irgendwo als ganzes Stück für den Weltmarkt und ohne Rücksicht auf Zielkunden in den jeweiligen Regionen herzustellen. Es überschätzt aber auch die Möglichkeit, Risiken abzufangen, die aus einseitigen Strukturen entstehen. Null Logistikkosten wären eine weitere Bedingung für Weltmarktstandorte.

Man kann den Weltmarkt nicht mehr durch Wettbewerbsüberlegenheit in der Kompetenz einer Region oder aufgrund der Rahmenbedingungen von einem Ort aus mit großen Lösungen aufrollen. Die Chance liegt vielmehr darin, mit Modulen die Weltspitze in der Spezialität wie auch in den Kosten zu erreichen. Die Komposition für den Kunden ist dann eine Frage der Inszenierung, Differenzierung und Vermarktung des Produkts beziehungsweise der Dienstleistung.

Kein Unternehmer, kein Arbeitnehmer, kein Betriebsrat kann noch der Frage ausweichen, wie Klasse und Masse – nämlich Kompetenz und Beschäftigung – ins richtige Verhältnis kommen. Eine Patentantwort darauf gibt es nicht. Wie sehr kann die Spitze die Breite definieren, wie stark kann die Breite die Spitze nivellieren?

Weltarbeitsplätze arbeiten für den Weltmarkt. Sie benötigen dann aber auch den Anschluss an viele Abnehmer. Die letzte Produkt- und Dienstleistungsoberfläche vor dem Kunde bedarf der Individualität als Faszinosum. Doch vorgelagert entstehen die backend systems, Steuerungschips, Technologieträger, Rezepturen, Aggregate, Bausteine, Plattformen oder Dienstleistungskomponenten.

Wer erarbeitet diese Module? Es werden Menschen sein, die sich mit ihrer Arbeit auf den drei Achsen der Zukunft bewegen. Zeiten, Entfernungen und Qualitäten müssen übersprungen werden. Aufträge fordern die gesamte Kette: das Modul, das Ersatzteil, den Kundendienst, die Weiterentwicklung aufgrund der Wünsche des Kunden und der Reaktion des Feldes. Adaption, Applikation, Akzeptanz werden wesentliche Voraussetzungen für die Zukunft. Die Frage: „Was kann ich im Angesicht des Weltmarktes?", wird immer mehr Menschen bewegen. Sich zu spezialisieren, sich darüber aber trotzdem zu verankern, zu verbessern und zu verteidigen, wird zur Antwort auf diese Überlebensfrage.

Integrierte Arbeitslandschaften

Volkswagen hat mit der 24-Stunden-Entwicklung begonnen. Wolfsburg, Shanghai und São Paulo arbeiten zusammen. Entwicklungsteams wurden identifiziert, qualifiziert und motiviert, zusammenzuarbeiten. Sie haben sich kennen gelernt und ihre Arbeitsteilung organisiert. Sie sprechen eine Konzernsprache und arbeiten in der gleichen Systemumwelt. Eine neue, integrierte Arbeitslandschaft entsteht auf diese Weise.

Assessment Center, Fachausbildung, interkulturelle Seminare, On-the-job-Learning, Projektmanagement und Vorbereitung auf Zielpositionen im Fachbereich: So intensiv werden zum Beispiel chinesische Ingenieure aus Shanghai auf die Zusammenarbeit vorbereitet. Ein Jahr dauert die Schulung in Deutschland. Anschließend wissen die deutschen, brasilianischen und chinesischen Partner voneinander, haben bereits erste Aufgaben gemeinsam gelöst und können unter identischen Arbeitsbedingungen und mit gleichem Know-how ihren Teil der gemeinsamen Aufgabe übernehmen und sich die Zwischenergebnisse rund um den Globus übergeben.

Gerade die Modularisierung auf der Basis gemeinsamer Plattformen hat in der Automobilindustrie die Voraussetzungen dafür geschaffen. Der Weltmarkt, der keine Differenzierung mehr zwischen Fahrzeugen der alten Generation in der einen Weltregion (einer „dritten Welt") und der modernsten Generation in einer anderen Region (einer „ersten Welt") erlaubt, fordert den Transfer in Richtung „best in class" überall.

Die 24-Stunden-Welt erhält eine neue Landkarte. Sie wird vermessen nach Arealen der Marktbearbeitung, der Kunden-Cluster, der Kaufkraft, der Wahlverwandtschaften (Emotions) und nicht zuletzt der Ertragspotenziale. Politische Grenzen, klassische Stammmärkte und geografische Entfernungen treten demgegenüber zurück.

Die 24-Stunden-Entwicklung
Wettbewerbsvorteil durch Globalisierung

Die Arbeitslandschaften formieren sich neu. Wer am effizientesten vergleichbare Marktkonstellationen und Kundenprofile zu einer gemeinsamen globalen Arbeitsgemeinschaft innerhalb des Unternehmens und in Verbindung mit den Partnern bündeln kann, hat die Nase vorn.

Gemeinsame Geschäftsprozesse erzwingen dabei gleiche Trägersysteme von der Entwicklung bis zur finanziellen Steuerung eines Unternehmens. Über B2B betrifft das auch die Lieferanten. Mitarbeiter werden zunehmend in einer weltweit integrierten Arbeitslandschaft zurechtkommen müssen. Vergleichbare Leistungsvoraussetzungen entstehen, die den Wettbewerb transparent und nachvollziehbar machen und gleichzeitig die gegenseitige Verwendbarkeit der Module ermöglichen.

Arbeit in der Weltliga

Global tätige Unternehmen wissen, wo sie in den einzelnen Standorten, Arbeitsgebieten und Märkten stehen. Sie wissen, ob sie in der Weltliga mitspielen. Die Erfahrungen zeigen, dass es bei wirklichen Global-Playern auch die Mitarbeiter wissen. Qualitätsliga, Performance-Liga oder Gesundheitsliga – alle wollen nach oben, das wird die unentrinnbare Folge zukünftiger Arbeit in der Weltliga. Es ist der heilsame Zwang, sich die Besten jeweils anzuschauen und noch dazu zu überlegen, wie man an ihnen vorbeiziehen könnte. Ein Dumping-Rennen lässt der Markt nicht zu. Denn Fehlleistungen und Minderwerte kehren sich oft schnell gegen den Anbieter.

So bleibt nur der Weg nach vorn.

Ein Weltarbeitsplatz muss erlebt werden. Mitarbeiterressourcen gilt es zu internationalisieren. Push durch International Personnel Development-Programme und Pull durch Entsendungen zwecks Know-how-Transfer und Spezialisten-Einsätze werden erforderlich. Volkswagen hat im Rahmen gemeinsamer Konzernstandards das Anforderungsprofil an alle Manager und ihren Nachwuchs weltweit definiert. Ohne globale Entwicklungs-, Projekt- und Verantwortungsmodule gelingt der Durchstieg in die höhere Verantwortung zukünftig kaum mehr. Zwingend für den Nachwuchs, überwiegend zutreffend schon für die jetzigen Positionsinhaber entsteht ein integriertes Management. Denn bei gleichen Standards öffnet sich auch der Arbeitsmarkt im Konzern. Volkswagen hat für solche Positionen eine Welt-Stellen-Börse geschaffen. Damit wächst den Mitarbeitern in einer lokalen Niederlassung der Durchstieg in den Konzern als Karrierepotenzial zu und erlaubt umgekehrt eine ganz andere Auswahl des Nachwuchses. Der Zugang zu den Talenten aller Regionen vervielfacht sich. Für den Mitarbeiter wiederum wird der Karrierepfad zum Self-Investment, denn jeder Schritt erhöht die Verwertbarkeit des eigenen Humankapitals in der globalen Stellenbörse des Unternehmens.

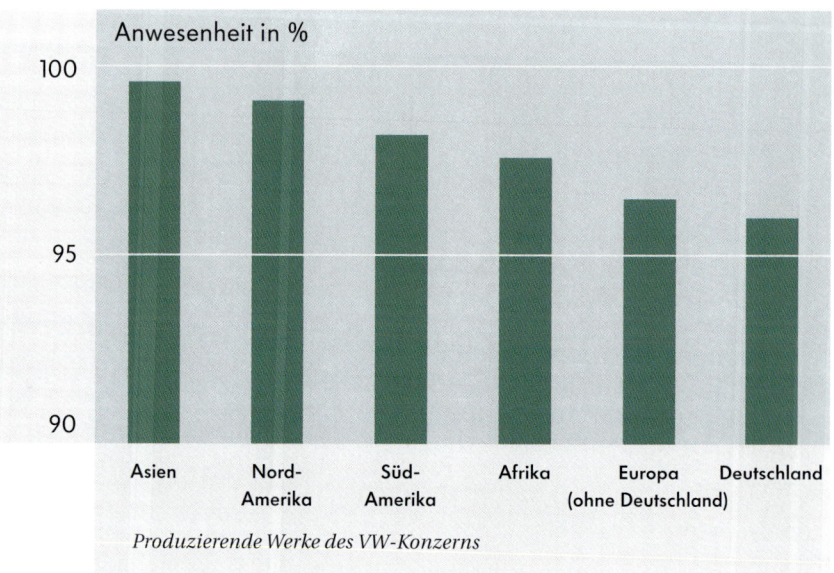

Die Gesundheits-Weltliga
Januar 2000 – Dezember 2000

Anwesenheit in %

100

95

90

| Asien | Nord-Amerika | Süd-Amerika | Afrika | Europa (ohne Deutschland) | Deutschland |

Produzierende Werke des VW-Konzerns

Eine gemeinsame Policy für Entsendungen weltweit hilft, dies dann in vergleichbarer Weise in Berufungen umzusetzen.

In den multikulturellen Projektgruppen des „Group Junior Executive-Programmes" zeigt der Nachwuchs aus aller Welt, welche Ideen aus dem Zusammentreffen für die Zukunft des Konzerns noch zünden werden. Und die Konzernspitze lernt ihren Nachwuchs kennen. Ansporn und Ergebnis des Programms gelten als enorm. Die Erfahrung bewahrt vor dem Irrglauben an die eigene Überlegenheit. Frühzeitig wird auf Offenheit, Lernbereitschaft und Netzwerkbildung hin sensibilisiert.

IT als Kompetenzschlüssel

Die Zeit ist vorbei, in der eine gute Berufsausbildung oder das richtige Fachstudium anhaltende Beschäftigungsfähigkeit sicherten. Das digitale Netz als neue Nervenbahn erhebt die IT-Kompetenz zur neuen Kulturfertigkeit. Sich in virtuellen Netzen zurechtzufinden, wird neben Sprechen, Lesen, Schreiben und Rechnen zur Voraussetzung, um überhaupt noch an der Gesellschaft teilzunehmen. Die Informationstechnologie wird die erste Technologie sein, die jeder bis zu einem bestimmten Level beherrschen muss. Jeder Manager, jeder Mitarbeiter, jeder Selbstständige wird sie in der Arbeit benötigen.

Nicht nur im Auto der Zukunft werden sich die Anteile zu Elektronik, Software, Internet und Multimedia verschieben. Viele Dienstleistungen, Produkte und Geschäftsprozesse, Informationen und Kommunikationsinstrumente werden überhaupt erst über Smart Card und Portal erreicht und für die eigene Arbeit nutzbar.

Eine Lernkultur der Eigeninitiative, auf der Höhe der Zeit zu bleiben, wird unabdingbar, die Lernkurve steiler. Informationstechnologien unterliegen einer unglaublichen Beschleunigung des Wissens und der Optionen. Die Halbwertszeit sinkt, teilweise gibt es schon kaum mehr ein Haltbarkeitsdatum von einem Jahr.

Selbst Spezialisten der Branche sind dieser Entwertung des Wissens ausgesetzt. Lerndefizite entstehen in wachsendem Maße bei denen, die überhaupt nicht mehr den Zugang finden oder Neues zu langsam aufnehmen. Die Kosten dieses Lerndefizits wären langfristig existenzbedrohend für das Unternehmen.

Bisherige Lernformen reichen nicht mehr, um die Ist-Lernkurve auf die Soll-Kurve zu bringen. Lerninseln im Betrieb mit Internetstationen, Online-Kurse am Arbeitsplatz, Teleworking oder Internet-Zugänge zu Hause, virtuelle Marktplätze für die Mitarbeiter – vieles muss geschehen, um ein B2E-Netz zu schaffen. Unternehmen können nicht mehr hoffen, die Modewelle würde wie eine Seifenblase platzen.

E-Speed – Qualifizierung im Wettlauf mit der Informationstechnologie

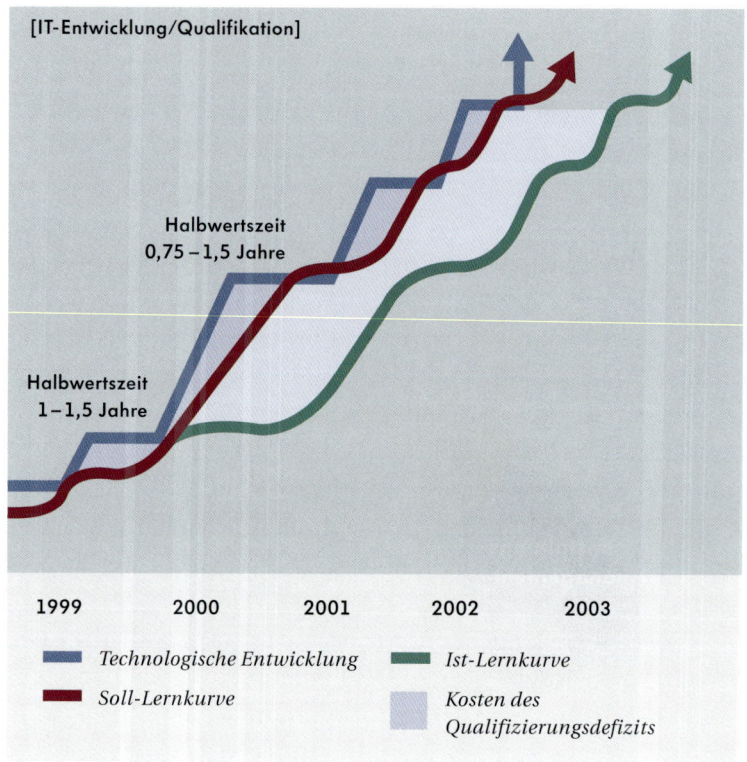

[IT-Entwicklung/Qualifikation]

Halbwertszeit
0,75 – 1,5 Jahre

Halbwertszeit
1 – 1,5 Jahre

1999   2000   2001   2002   2003

- *Technologische Entwicklung*
- *Soll-Lernkurve*
- *Ist-Lernkurve*
- *Kosten des Qualifizierungsdefizits*

Manche Konzerne haben sich deshalb zu Providern ihrer Weltbelegschaft gemausert. Internetportale für die Mitarbeiter sind der Anfang. Online-Lernmärkte und „Learnways" folgen. Web Driving Licences können vergeben werden.

**„Level 5" – die Internet Offensive
für alle Mitarbeiterinnen und Mitarbeiter**

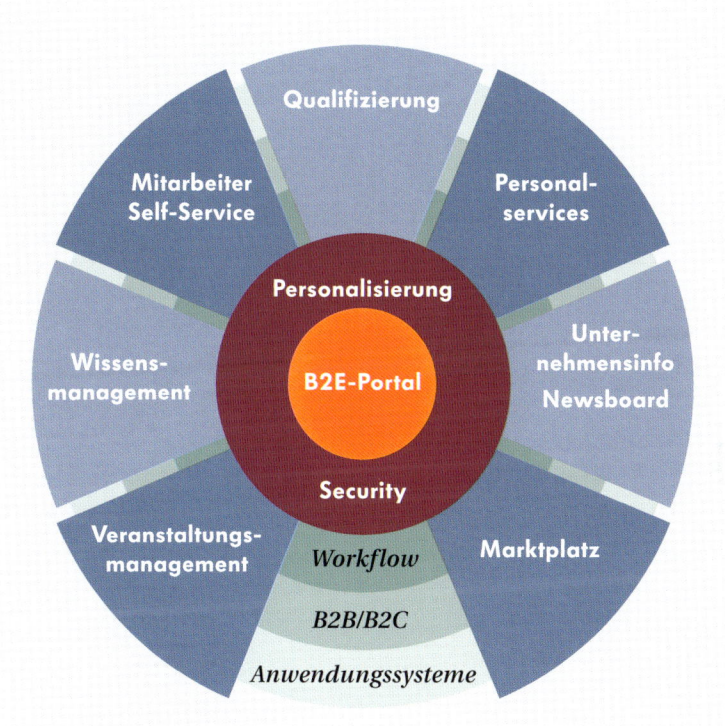

Über eine Authentifizierung loggt sich der Mitarbeiter von der Wohnung aus ins Intranet von Volkswagen ein, ob er in Wolfsburg oder in Puebla zu Hause ist, spielt dabei keine Rolle. Der Weg wurde schon begonnen. Fahrzeuge können konfiguriert und bestellt, Konzerndaten abgefragt, Wissensforen genutzt oder Serviceleistungen heruntergeladen werden. Am Ende wird jeder Mitarbeiter sein persönliches Portal haben.

Diese Personalisierung ist das Schlüsselloch zum persönlichen Arbeitsplatz im weltweiten Net. Von wo auch immer, es kann besucht, bearbeitet und bedient werden. Volkswagen verlangt den Erwerb des Kompetenzlevels 5 auf einer Skala bis 9. Surfen genügt nicht, man muss Dienste gezielt für die eigene Arbeit nutzen können. Die Internet Offensive wurde weltweit gestartet. Jede Mitarbeiterin, jeder Mitarbeiter soll sich am Arbeitsplatz, in produktionsnahen Internet-Stationen oder zu Hause mit Hilfe von Lernprogrammen und eines Internet-Scouts rüsten. Wer die Grundlagen versteht, kann sich in einem Test für den „Level 5 Internet Pass" qualifizieren. Als Belohnung wartet ein kostenfreier Internetanschluss mit vielen „Freimeilen" pro Monat.

Global Human Resources Network

Diese IT-Kompetenz bei 300.000 VW-Mitarbeitern weltweit wird sich in den kommenden Jahren rasch entwickeln. Damit rückt die Vision eines virtuellen Personalmanagements in greifbare Nähe, in der Personalservice zum Self-Service der Mitarbeiter wird. Mit der Selbststeuerung kann man nahe an die Grenze der Selbstbedienung gehen. Ein weltweites Human Resources-Portal bringt den Mitarbeiter in den Empfangsraum der Self-Service-World. Sogar die Personalakte entfällt, sie wird durch einen persönlichen Entwicklungsplan ersetzt, den der Mitarbeiter eigenhändig pflegt und dessen Commitments zu Entwicklungs- und Gehaltsschritten vom Vorgesetzten freigegeben werden müssen. Die Selbstverantwortung kann sehr weit gehen, denn der Einzelne darf im Rahmen des weltweiten internen Job-Markets dem Unternehmen auch Angebote machen: Das beherrsche ich. Take me! Online-Bewerbungen sind schon Realität. Chat-Räume bieten eine neue Dialogform über moderne Personalarbeit – eine Einladung an viele Interessierte, Vorschläge zu unterbreiten und Kommentare zu schicken. Workflow entlastet Geschäftsprozesse: weniger Regelungen, eher Freigaben im Rahmen der Selbststeuerung vor Ort. Weniger Berichte, direktere Abläufe, reduzierte Arbeitslasttreiber. Sie können sich von selbst herunterregeln.

Mit dem Internet explodiert die Zugänglichkeit in der globalen Job-Meile. Nichts lässt sich mehr monopolisieren – Vorsprünge werden in immer kürzeren Zyklen abgeräumt.

Chance

5000 x 5000:

Wie wir die Arbeit zurückholen können

Ein wichtiges Element der Job Revolution wird die Repositionierung der klassischen Kernstrukturen in den Schlüsselindustrien sein. Die Wettbewerbsfähigkeit von Hochkosten-Standorten wird sich daran messen lassen, ob hier neue Arbeitsplätze gewinnbar bleiben. Die Alternative ist unerbittlich: Entweder wandern Zuwächse und Spielräume unaufhaltsam weiter oder sie werden mit neuen Wettbewerbskonzepten und Arbeitsmodellen mit guten Chancen auch für Altstandorte neu verteilt.

Das Modell 5000 x 5000 bei Volkswagen will genau dafür einen neuen Ansatz liefern. Durch radikale Modernisierung aller Geschäftsprozesse können sich auch Hochkosten-standorte wieder für die nächsten zehn Jahre hervorragend positionieren. Mindestens 5000 Arbeitsplätze sollen mit dem neuen Arbeitsmodell entstehen, in dem auch 5000 D-Mark und mehr im Monat verdient werden können.

200 zu 20 zu 2: Die Ingenieurstunde kostet heute auf einer virtuellen Reise von Deutschland nach Osten immer weniger. Auch hier lässt sich an Volkswagen eine Entwicklung exemplarisch verdeutlichen. 1990 hatte der Konzern jenseits des früheren „eisernen Vorhangs" nicht *einen* Arbeitsplatz. Das Stammwerk in Wolfsburg konnte sich als „östlichste Vorhut" an der Grenze wahrnehmen. Es bedurfte der Zonenrandförderung, um in kritischer Nähe und strukturarmer Existenz durchzuhalten. Zehn Jahre später gehören jenseits dieser Demarkationslinie rund 50.000 Arbeitsplätze zum Konzern.

Sie entstanden jenseits des Hochplateaus an Wohlstand und Kosten. Während zunächst das Engagement in den neuen Marktwirtschaften im Zentrum Europas zählte, drehte sich in einem Jahrzehnt die Situation um. Wettbewerbsfähige Werke wuchsen heran, die heute bei jeder neuen Produkt- und Komponentenentscheidung vollwertige Konkurrenten der Altstandorte sind.

Was bricht über den Rand des Hochplateaus weg – wie sehr treibt eine Fortsetzung bisheriger Tarif-, Sozial-, Steuer- und Wirtschaftspolitik Arbeitsplätze über die Grenzen? Ein wichtiges Element der Job Revolution wird die Repositionierung der klassischen Kernstrukturen in den Schlüsselindustrien ausmachen. Denn die Antwort auf die neue Herausforderung kann nicht die schrittweise Aufgabe des Kerngeschäfts in den Ländern sein, die so herausgefordert werden. Der Gradmesser der Wettbewerbsfähigkeit an Hochkosten-Standorten wird sein, ob neue Arbeit gewinnbar bleibt. Wer sich gegenüber dieser schlichten Frage erhaben fühlt oder sie gar nur sozialethisch diskutiert, hat schon verloren. Und von der neuen Wettbewerbskonstellation sind alle Länder der Europäischen Union betroffen. Denn auch Spanien und Portugal – vor 20 Jahren noch die gefürchteten „Dumpingländer" in der Erweiterung der Gemeinschaft – befinden sich inzwischen auf einem hohen Kostenniveau.

Entweder wandern Zuwächse und Spielräume unaufhaltsam weiter oder sie werden mit neuen Wettbewerbskonzepten und chancenreichen Arbeitsmodellen auch für Altstandorte neu verteilt. Ohne solche Neuorientierungen wären etwa Fer-

„5000+" gliedert sich in vier Stufen:

Nach der Vorauswahl über das Internet wird bei der Auswahl der Talente nicht primär nach Formalqualifikationen vorgegangen. Die Auswahl erfolgt über Leistungsindikatoren und persönliche Integrität. Gleichzeitig müssen technische und manuelle Fähigkeiten und Fertigkeiten nachgewiesen werden. Strukturierte Interviews. Gruppendiskussionen. Motivationsscreening. Erstellung eines Persönlichkeitsprofils.

In der zweiten Stufe gilt es, die neuen Talente in einem standardisierten Programm auf ihre grundsätzlichen Aufgaben in der Industrie umfassend vorzubereiten – innerhalb von zwölf Wochen soll die Industrietauglichkeit abgerundet werden.

Entkoppelt vom direkten Arbeitsprozess wird anschließend orientiert an der Wertschöpfung gelernt. Fachliche Inhalte dominieren, sie entsprechen den zukünftigen Prozessverantwortungen des Mitarbeiters. Es geht um viel: das Erlernen von Grundwerkzeugen prozesshafter Wertschöpfung. Teamentwicklung, Zielvereinbarungen, Moderation, Visualisierung, Präsentation und weitere Eigenschaften der Automobiltauglichkeit.

In der letzten Stufe wird das prozesshafte Lernen eingeübt. In der Kombination von Arbeiten, Lernen und Kommunizieren wird permanentes tägliches Lernen zur beherrschten Praxis: mit wachsenden Qualifikationsanforderungen an jeden Einzelnen. So werden etwa Prozessstörungen zum Anlass genommen, direkt vor Ort eine Kurzschulung zu entwickeln und durchzuführen. Fehler können dann immer noch auftauchen, aber nicht immer der gleiche beim selben Mitarbeiter.

Ziel ist, einem großen Traum ein Stück näher zu kommen, nämlich die bisher vorherrschende Trennung von Arbeiten, Kommunizieren und Lernen aufzuheben. Ein vernetztes System entsteht aus Arbeiten am Produkt, Kommunizieren über das Produkt und dessen Herstellprozess sowie Beherrschen-Lernen von Problemlösungen im Prozess.

So werden für dieses unternehmerische Wertschöpfungsmodell sozialpolitisch verträgliche Bedingungen geboten, die Arbeitsplätze ermöglichen, die sonst für Hochkostenländer wie Deutschland immer weniger darstellbar wären. Personal- und Qualitätskosten pro Fahrzeug werden durch die entsprechenden Verpflichtungen fest kalkulierbar, schnellere Optimierungskreise sorgen für weitere Ertragschancen. Ergebnisbeteiligungen beim Übertreffen der Ziele führen zu zusätzlichem Einkommen. Das Geschäft der Finanz- und Personalsteuerung vereinfacht sich dadurch. Abzüglich Fremdbezügen, Entwicklungskosten und Renditeanspruch des Investors können die bereitgestellten Finanzmittel auf die verschiedenen Wertschöpfungsfaktoren im neuen Herstell-, Arbeits- und Vertriebsmodell innerhalb einer Geschäftseinheit aufgeteilt werden. Was übrig bleibt und erwirtschaftet wird, kann ausgeschüttet werden oder über die Zeitachse weitere Benefits dotieren.

Auf der Grundlage dieser Überlegungen konnte am 28. August 2001 zwischen der Volkswagen AG und der IG Metall ein neuartiger Tarifvertrag abgeschlossen werden:

- Das Programmentgelt wird über ein flexibles Arbeitszeitende zur Programmerfüllung umgesetzt. Werden Stückzahl und Qualität nicht erreicht, haben die Mitarbeiter unmittelbar nach Schichtende die entsprechende Nacharbeit zu leisten. Eine Erfassung und Bezahlung dieser Nacharbeit erfolgt nur dann, wenn die Verantwortung für die Nacharbeit beim Unternehmen liegt.

- Die Personalbemessung erfolgt zukünftig nach betriebswirtschaftlichen Kriterien und benchmark. Es entfallen bezahlte Pausen, Bedürfnis- und Erholzeiten.

- Die wertschöpfende regelmäßige Arbeitszeit beträgt durchschnittlich 35 Stunden pro Woche im Durchschnitt eines Jahres. Die konkrete Steuerung erfolgt über die Flexibilität in der VW-Woche bis zu einer schichtplanmäßigen Arbeitszeit von wöchentlich 42 Stunden. Es wird ein Arbeitszeitkonto mit einer Obergrenze von 200 Stunden eingerichtet. Über dieses Konto werden als Produktionsreserve auch 30 Spätschichten am Samstag zur Verfügung gestellt. Das planmäßige 17-Schichtenmodell bezieht sich auf eine 6-tägige Betriebsöffnungszeit.

- Die individuelle Qualifizierung soll durchschnittlich drei Stunden pro Woche betragen. Die Hälfte dieser Zeit wird vom Mitarbeiter entgeltfrei getragen. In dieses Konzept wird die Lernfabrik integriert.

– Alle Beschäftigten erhalten ein einheitliches Monatsentgelt von DM 4.500 sowie einen Mindestbonus von monatlich DM 500. Darüber hinaus ist ein persönlicher Leistungsbonus – bei Erreichen der Gewinnschwelle – sowie eine Ergebnisbeteiligung für das abgelaufene Geschäftsjahr vorgesehen. Diese neue Form der Bezahlung entspricht dem Niveau des Flächentarifs.

– Die Personalauswahl der Arbeitslosen erfolgt über die Arbeitsämter mit einer etwa dreimonatigen Grundqualifikation (Industrietauglichkeit) und anschließend einer sechsmonatigen Qualifikation zur Automobiltauglichkeit. In der zweiten Phase wird ein Startentgelt von DM 4.000 gezahlt. Danach sind die Mitarbeiter dann in ein unbefristetes Beschäftigungsverhältnis übernommen. Das Projekt wird von der neugegründeten Auto 5000 GmbH umgesetzt.

Perspektiven findet man nicht, man setzt sie.

Gesellschaftspolitisch ist die Suche nach neuen Wegen für mehr Beschäftigung unausweichlich. Die Erweiterung der europäischen Union mit schrittweiser Freizügigkeit am Arbeitsmarkt, das Hoffen auf das Aufholen der anderen Länder durch wirtschaftliche und gesellschaftliche Zuwächse oder andere Angleichungstendenzen reichen nicht aus. Die Hoffnung, über soziale Weltstandards zu neuen, allgemein verbindlichen, vertraglichen Beziehungen in der globalisierten Arbeitswelt zu kommen, trügt. Partner, Konkurrent, Übernehmer, Untergänger – das Schicksal eines Unternehmens als Organisation ist offen.

Perspektiven setzen heißt aber, kein Tabu zu scheuen, wenn dadurch vernünftiges Einkommen, intelligenter Arbeitsplatz und das Halten von Standorten im globalen Wettbewerb ermöglicht wird. Auch Tarifverträge und soziale Errungenschaften erfüllen keinen Selbstzweck, sie benötigen immer noch Nutznießer. 5000 x 5000 – das Arbeitsmodell versucht, eine neue Perspektive in fast auswegloser Situation zu markieren. Dass so etwas funktioniert, liegt im Interesse aller.

AutoVision

Vom Geheimnis der Beschäftigung

*Unsere weltweite Beschäftigungsforschung hat erge-
ben, dass Regionen mit „Clusterbildung" den größten
Beschäftigungszuwachs aufweisen. Diesen Grundgedanken – starke Kerne üben auf andere Arbeitsplätze
Anziehungskraft aus – übersetzte das Konzept AutoVision in ein Handlungsmodell mit dem Ziel, die
Arbeitslosigkeit in der Region Wolfsburg zu halbieren.
Da hier bereits eine hohe Automobilkompetenz exis-
tierte, lag es nahe, sich zur Mobilitätsregion weiterzuentwickeln. In einer 1999 eigens dafür gegründeten
Gesellschaft, der Wolfsburg AG, sollten vier Geschäftsbereiche gezielt einzelne Cluster vorbereiten und
vernetzen: Lieferantenansiedlung, InnovationsCampus, ErlebnisWelt und PersonalServiceAgentur. Das in
Wolfsburg überaus erfolgreiche Konzept wird inzwischen an weiteren Standorten praktiziert.*

Nicht nur im Inneren der Unternehmen, auch in ihren Umfeldern und Regionen schlummern Potenziale, die über die Perspektiven der nächsten Job-Generationen entscheiden. Die wichtigste Erkenntnis ist, wie sehr wir selbst als Unternehmer vor Ort – in welcher Funktion auch immer – zum Job-Maker werden können und müssen.

Einen solchen Weg beschritten Volkswagen und die Stadt Wolfsburg 1998. Zu ihrem Stadtgründungstag erhielt Wolfsburg damals ein ungewöhnliches Geschenk: das Konzept AutoVision.

Eine Halbierung der Arbeitslosigkeit ist machbar – das war der ehrgeizige Anspruch eines Projektes, einen eigenständigen Weg jenseits staatlicher Arbeitsmarktsubvention und privat-karitativer Hilfswerke zu suchen. Die wichtigste Frage war, ob und wie eine sich selbst tragende Beschäftigungsentwicklung gezündet werden kann, die ins Ziel einer nachhaltigen Halbierung der Arbeitslosigkeit trägt. Diese Frage wird oft im Jargon des „Ja-aber" beantwortet. Die wichtigsten Antworten lauten:

- Aber uns fehlen die richtigen Standortbedingungen.
- Aber wir haben keine Mittel.
- Aber wir haben schon alles versucht.
- Aber bei uns machen nicht alle (der Stadtrat/die IHK/ die Parteien/die Gewerkschaften) mit.
- Aber wenn wir Arbeitsplätze gewinnen, gehen sie woanders verloren.

Ja-Aberer bewegen die Beschäftigung gerade nicht, wenn sie nur auf den Zug der Lemminge warten. Wenn alle in eine Richtung rennen, wird es schon die richtige sein. Ja-Aberer sind arm dran, wenn sie unter die Armutsgrenze der Fantasie fallen. Mit dem Rücken an der Wand – vielleicht ist es nur der Tellerrand? Wer sich wendet, blickt weiter. Ja-Aberer gewinnen keine Koalitionen, wer will schon auf der Stelle mittreten? Und zum Schluss das Nullsummen-Argument: eigenes Nichtstun als Rettung der Arbeitsplätze und soziale Meistertat für alle anderen anderswo!

Doch so erreicht man nichts. Dieser „Ja-Aber-Statik" sollte eine „Warum-Nicht-Dynamik" entgegentreten. Warum sollte die Arbeitslosigkeit eigentlich nicht halbierbar sein? Was prägt den Erfolg der erfolgreichsten Beschäftigungsregionen der Erde? Wie können wir einen Job-Boom auslösen? Wie gewinnen wir Mitstreiter, die sich faszinieren lassen? Wo fangen wir am besten an?

Diese und noch mehr Fragen stellte sich ein Team, das 1998 in Wolfsburg begann, in einer einzigartigen Zusammenarbeit von Unternehmen, Gewerkschaft und Stadt die Abenteuerreise über den Horizont hinaus anzutreten.

Public-Private-Partnership

1999 wurde gemeinsam von der Stadt Wolfsburg und dem Unternehmen VW – einschließlich der von der IG Metall getragenen Betriebsräte – als Gesellschafter die Wolfsburg AG gegründet. Durch sie sollte eine beispiellose Form der Public-Private-Partnership (PPP) zur strukturellen Entwicklung gefunden werden. Alle Entscheidungsträger der Region in die Verantwortung – entsprechend wurde der Aufsichtsrat zusammengesetzt.

Am Anfang reifte die Einsicht, dass eine Analyse der Wirtschaftsstruktur und Arbeitslosigkeit eine wichtige Voraussetzung war, aber nicht hinreichte, um zu neuen Ufern aufzubrechen. Darüber hinaus erwies sich ein offener Lernprozess als erforderlich. Das Team für die Halbierung der Arbeitslosigkeit musste sich selbst auf die Reise begeben, neue Konzepte, neue Fakten, neue Vorbilder und neue Erfahrungen erkunden. Zusammen mit der internationalen Consulting-Firma McKinsey und erheblichen Investitionen ins Know-how begann dieser Aufbruch.

Im Vordergrund stand zunächst, Stärken und Schwächen der Region schonungslos herauszuarbeiten: unterproportionale Dienstleistungsbranche, zu geringe Zulieferanbindung, nicht genutzte Freizeit- und Unterhaltungswerte, zu wenig Existenzgründungen, Monostruktur Automobil und außerhalb kaum Arbeitsplatzdynamik, verwalten statt gestalten.

6800 Arbeitslose (ohne Vorruheständler) waren zu Beginn des Projektes registriert. Die erste Erkenntnis des Projektes war: Um 3000 bis 4000 Arbeitslose nachhaltig in den ersten Arbeitsmarkt zu vermitteln, bedarf es eines zusätzlichen Beschäftigungsaufbaus um 8000 bis 10.000 langfristige Arbeitsplätze. Denn das Mischungsverhältnis zur Unterbringung einer typischen Arbeitslosenstruktur mit Qualifikationseinschränkungen, Mobilitätsbarrieren, Einsatzrestriktionen und Langzeitfällen verlangt viel mehr, als in manchen öffentlichen Diskussionen sichtbar wird. Drei Arbeitsplätze müssen entstehen, um einen Arbeitslosen unterzubringen.

Die Selbstverpflichtung der PPP-Initiative hieß, bis Ende 2003 diese 10.000 neuen Arbeitsplätze zu schaffen. Sie sollten zusätzlich zu bestehenden Strukturen im Rahmen einer sich selbst tragenden wirtschaftlichen Entwicklung entstehen. Nur – wie zündet man eine Beschäftigungsrakete?

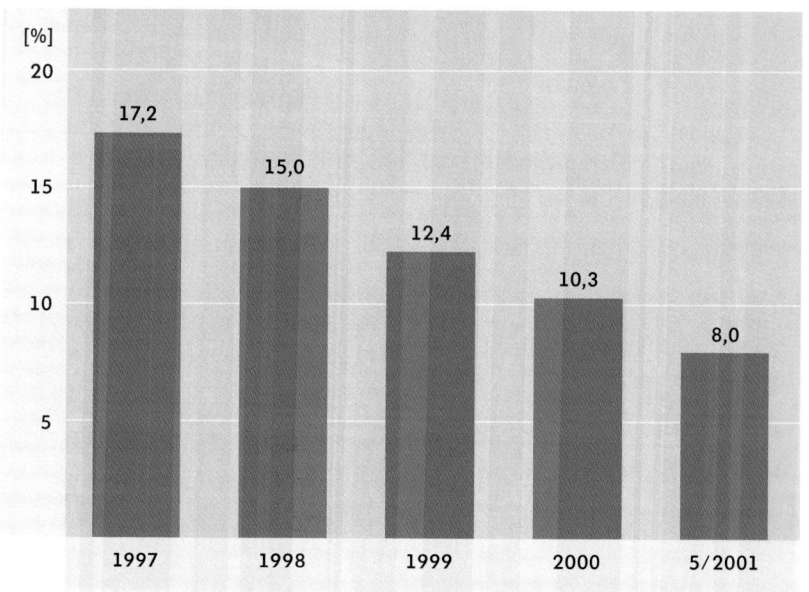

Der Rückgang der Arbeitslosenquote in Wolfsburg durch regionale Beschäftigungsinitiativen

[%]

	1997	1998	1999	2000	5/2001
	17,2	15,0	12,4	10,3	8,0

Das Geheimnis der Beschäftigung

Unsere weltweite Beschäftigungsforschung in den erfolgreichsten Regionen erbrachte ein überraschendes Ergebnis. Nicht Steueroasen oder Freihandelszonen, nicht attraktive Regionallagen oder Fördergebiete weisen den größten Beschäftigungszuwachs auf, sondern Regionen mit „Clusterbildung". Cluster – also starke Kerne mit Anziehungskraft auf andere – sind das Geheimnis neuer Beschäftigungsdynamik. Dort gelingt es, Kompetenzzentren mit Schwerpunkten zu bilden, deren Leistungsträger und Fachleute sich regional zu Netzwerken verdichten. Dieses Milieu bildet den Nährboden für Unternehmensgründungen, Dienstleistungen sowie Wohn- und Freizeitkultur.

Die langfristige Entwicklung des Auto-Clusters
– Beispiele neuer Aktivitäten –

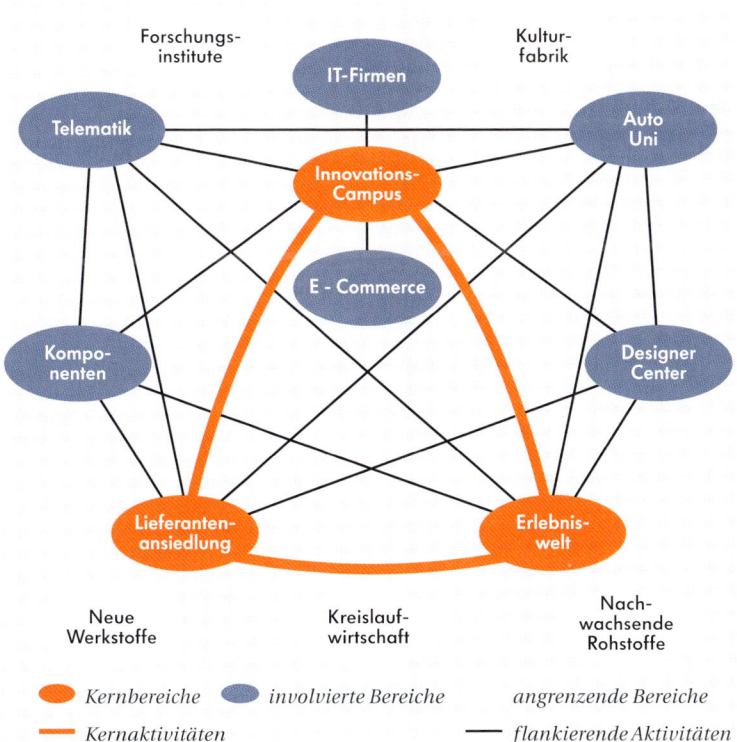

Ein Beispiel ist Silicon Valley. Hardwareproduzenten zogen seit 1950 zunehmend Softwareproduzenten an, meist Absolventen naher Forschungseinrichtungen und Universitäten. Die Verfügbarkeit der auch zwischen den Unternehmen mobilen Fachkräfte motivierte zur Ansiedlung weiterer Hightech-Unternehmen. Das Cluster wuchs und mit ihm die Dynamik. Dienstleister kamen, die Kaufkraft schob schließlich die Freizeitindustrie nach. Heute existiert ein vernetzter Wirtschaftsraum, der über Bits und Bytes hinausreicht.

Dem Grundgedanken der Clusterbildung folgt das Konzept AutoVision.

Schon heute besitzt die Region Wolfsburg eine starke Basis in der Automobilkompetenz. Sie bietet hervorragende Möglichkeiten, sich zur Mobilitätsregion weiterzuentwickeln. Es galt, solche Geschäftsbereiche der Wolfsburg AG zu gründen, die gezielt einzelne Cluster vorbereiten und ihre Vernetzung vorantreiben: Lieferantenansiedlung, InnovationsCampus, ErlebnisWelt und PersonalServiceAgentur.

Wachstumshebel für die Region bilden das Wachstum vorhandener Unternehmen, die Ansiedlung neuer Unternehmen und die Neugründung von Unternehmen. Es wurde gleichzeitig eine Langfriststrategie mit mehreren Zeit-Horizonten festgelegt. Die Realisierung des Konzepts AutoVision reicht bis zum ersten Horizont, einem Zeitraum von drei bis fünf Jahren. Weitere Module, etwa das Konzept der AutoUniversität, reichen darüber hinaus in eine zweite Phase, in der durch gezielte Netzwerkbildung der verschiedenen Kompetenzfelder wiederum Schwung für die langfristige Phase des sich selbst verstärkenden Wachstums über 2010 hinaus geholt werden soll.

Am Ende soll ein unternehmerisches Gesamtmilieu heranwachsen, das einmal Innovationsführerschaften, internationale Entwicklungsnetzwerke, attraktive Job-Börsen mit globalen Karrierechancen, Erfolgsstories im Venture Capital, Lebens- und Freizeitkulturen bis zur Lifestyle-Bildung und Identifikation mit der Region umfassen könnte. Wolfsburg erhält dadurch eine Vision, die Kräfte bündelt und freisetzt.

Neue Lieferanten

Erster Anknüpfungspunkt war wie gesagt die Automobilkompetenz. Im Zyklus von drei bis fünf Jahren entstehen neue Fahrzeug-Modelle und Modellreihen. Jede Generation wächst qualitativ und im Produktinhalt. Der Airbag ist ein Beispiel. Erst Sonderausstattung, dann Serie; erst Fahrer-, dann Beifahrer-Airbag; erst Front-, dann Seiten- und jetzt auch Kopf-Airbag – so schnellte die Zahl an. In der Region wurde die Airbag-Produktion als Ansiedlungsprojekt behandelt. Die Beschäftigungsperspektive war zuerst nicht absehbar, dann war dem Bedarf kaum Folge zu leisten. Bei der Lieferantenansiedlung geht es gerade darum, frühzeitig die Weichen für zukünftige Beschäftigungsfelder zu stellen.

Die Ansiedlungsstrategie muss deshalb ein integraler Bestandteil des Forward Sourcing-Prozesses und des Logistik-Auswahlprozesses sein. Denn zehn bis 20 Montageansiedlungen an der Rückseite des Supermarktes der Endproduktion eines so großen Fahrzeugherstellers wie Volkswagen bringen schon 1000 bis 2000 neue Arbeitsplätze. Mit 1600 Arbeitsplätzen konnte das Projekt AutoVision schon einen ersten großen Erfolg markieren.

Hinzu kommen Entwicklungslieferanten im Rahmen des Simultaneous Engineering-Prozesses. Auch hier wurde die Messlatte mit 20 bis 40 Ansiedlungen sehr hoch gelegt. Weitere 500 bis 700 Arbeitsplätze sind auf dem Weg. Das entsprechende Zentrum wurde im Forum AutoVision seit August 2000 fertig gestellt. Entscheidend für diese Ansiedlung ist der Übergang zur Modulstrategie. System- und Modulanbieter kommen angesichts ihrer immer komplexeren Teilverantwortung nicht um eine enge Einbindung in die Gesamtentwicklung einer neuen Modellgeneration aus. Die Ansiedlung vor Ort liegt im Interesse der Lieferanten; je schneller am Ball, je dichter am Netz, desto eher lassen sich Zukunftsaufträge sichern. Die Nutzung der vorhandenen Infrastruktur und Personalagentur der AutoVision ermöglicht variable Kostenverläufe nach Abwicklungsstand eines Projektes. Mehrere tausend Entwicklungsmitarbeiter der Lieferanten arbeiten schon länger ausschließlich für Volkswagen, häufig viele hundert Kilometer von ihren Partnern entfernt. Dies ändert sich jetzt, zum Vorteil beider Seiten. Zumeist werden dabei für den Einsatz vor Ort neue Mitarbeiter rekrutiert und zusätzliche Dienste akquiriert. Beides bietet Chancen zum Abbau der Arbeitslosigkeit in der Region, die auch genutzt wurden.

InnovationsCampus – neue Unternehmer entdecken

Dem InnovationsCampus kommt beim Zünden neuer Beschäftigungsdynamik eine Schlüsselrolle zu. Hier werden Kompetenzfelder in der erweiterten Sicht eines Mobilitätsclusters aufgebaut. Der InnovationsCampus unterstützt Existenzgründer bei der Umsetzung einer guten Idee in ein erfolgreiches Unternehmen. Die Hilfe reicht von der individuellen Unternehmensberatung über die Vermittlung notwendiger Kontakte bis hin zur Finanzierung durch Venture Capital. Zum Netzwerk des InnovationsCampus gehören erfolgreiche Gründer, Unternehmer, Manager, Wissenschaftler, Fachexperten, Berater und Kapitalgeber. Sie bieten als Förderer eine Plattform für die Entwicklung neuer Geschäftsideen.

Wichtigster Teil des InnovationsCampus ist der Gründungswettbewerb „promotion". Er lädt jedes Jahr gründungswillige „Unternehmer in spe" ein, ihre Geschäftsidee vorzustellen, sich beraten zu lassen, einen kompletten Geschäftsplan zu erarbeiten, bewerten zu lassen und sich dann einer Prämierung im Wettbewerb auszusetzen. In der letzten Phase des Wettbewerbs wird die Gründung der Unternehmen auf der Basis der prämierten Geschäftspläne in der Region angestrebt und nochmals finanziell unterstützt.

Über 400 hervorragende Geschäftspläne sind aus drei Runden „promotion" hervorgegangen – und nicht nur in Wolfsburg. Weitere Standorte des VW-Konzerns konnten nach und nach einbezogen werden. Im April 2001 wurde der InnovationsCampus auf dem Forum AutoVision in Wolfsburg fertiggestellt. Damit ist die Ideenschmiede für neue, junge Unternehmer eröffnet.

Internationale Gründerzentren unterstreichen die Reichweite dieser Aktivität für die Gesamtkultur einer Region. Die Unternehmerlücke schließt sich nicht von selbst. Bewerbungen aus aller Welt demonstrieren eindrucksvoll, dass es nicht an Ideen, sondern an den Bedingungen zur Umsetzung in erfolgreiche Unternehmen fehlt. Vielen geht am Anfang bei der Personalsuche, der Gründungsadministration, der Überzeugung der Geldgeber und dem Netzwerk professioneller Vermarktung die Luft aus. Die Idee hätte erfolgreich sein können, nur die Umstände halfen nicht. Hier greift der Innovations-Campus ein und nimmt vieles ab. Technologische Schwerpunktbildungen helfen ebenso, Talente heranzubilden und Themen zuzusteuern.

Der InnovationsCampus – von der Idee in die Selbstständigkeit

Die wissenschaftlich-technische Infrastruktur Südostniedersachsens ermöglicht dafür eine erste solide Grundlage. Zusätzlich zu den fast 10.000 Entwicklungsmitarbeitern von Volkswagen gibt es noch rund 30.000 Studenten und cirka 2000 Wissenschaftler, die in der Region arbeiten. Viele Einrichtungen gehören schon einem Verbundsystem zum Thema Mobilität an. Die zukünftige AutoUniversität als internationaler Knotenpunkt der Kompetenzbildung und der weltweiten

Vernetzung der für neues Wissen wichtigsten Partner wäre ein erster Schritt zur Clusterbildung für Spitzenforschung und -entwicklung.

ErlebnisWelt: Wie die Dienstleistungslücke geschlossen wird

Der Abbau der Arbeitslosigkeit wird nur gelingen, wenn in einem hohen Anteil auch einfachere, anlernbare Tätigkeiten möglich werden. Dienstleistungsjobs tragen im internationalen Vergleich am stärksten zu regionalen Beschäftigungserfolgen bei. Mehrere tausend Arbeitsplätze müssen hier entstehen, soll die Gesamtwirkung erreicht werden.

Die ErlebnisWelt setzt auf die weltweit wachstumsstärkste Industrie – die Freizeit- und Unterhaltungsindustrie. In einer Gesamtstrategie der Clusterbildung kommt diesem Ansatz eine Doppelbedeutung zu: Aufwertung der regionalen und städtebaulichen Attraktivität zur Bindung von Kaufkraft, die heute abfließt, sowie Aufbau eines Images nach außen, um als Ort hoher Lebensqualität und Symbol der Neuorientierung der Region Bürger, Ansiedlungswillige, High Potentials vom Arbeitsmarkt und Touristen anzuziehen. Nur wer gerne kommt, bleibt auch. Erfahrungsgemäß strömen die Top-Absolventen führender internationaler Business Schools in die zehn attraktivsten Städte Europas, um sich dort Arbeit und Karriere zu suchen.

Die ErlebnisWelt Wolfsburg hat mit der neuen Automobilstadt begonnen. Schon heute lockt sie Millionen Besucher an. Die Werte der Kompetenz Mobilität werden in eindrucksvoller Form präsentiert, der Unterhaltungswert für eine neue Servicekultur konnte erreicht werden. Die nächste Ausbaustufe orientiert sich an den besten Themen- und Freizeitparks der Welt. Nur wenn die Besucher über Kurzerlebnisse und Kurztrips hinaus sich für mehr interessieren, wenn sie übernachten oder einen Kurzurlaub einplanen, ergibt sich eine regionale Beschäftigungswirkung. Daran orientiert sich das anspruchsvolle Wolfsburger Projekt. Neuartige Module sollen angesiedelt werden, die ein mehrtägiges Eintauchen in eine

Die Erlebniswelt Wolfsburg

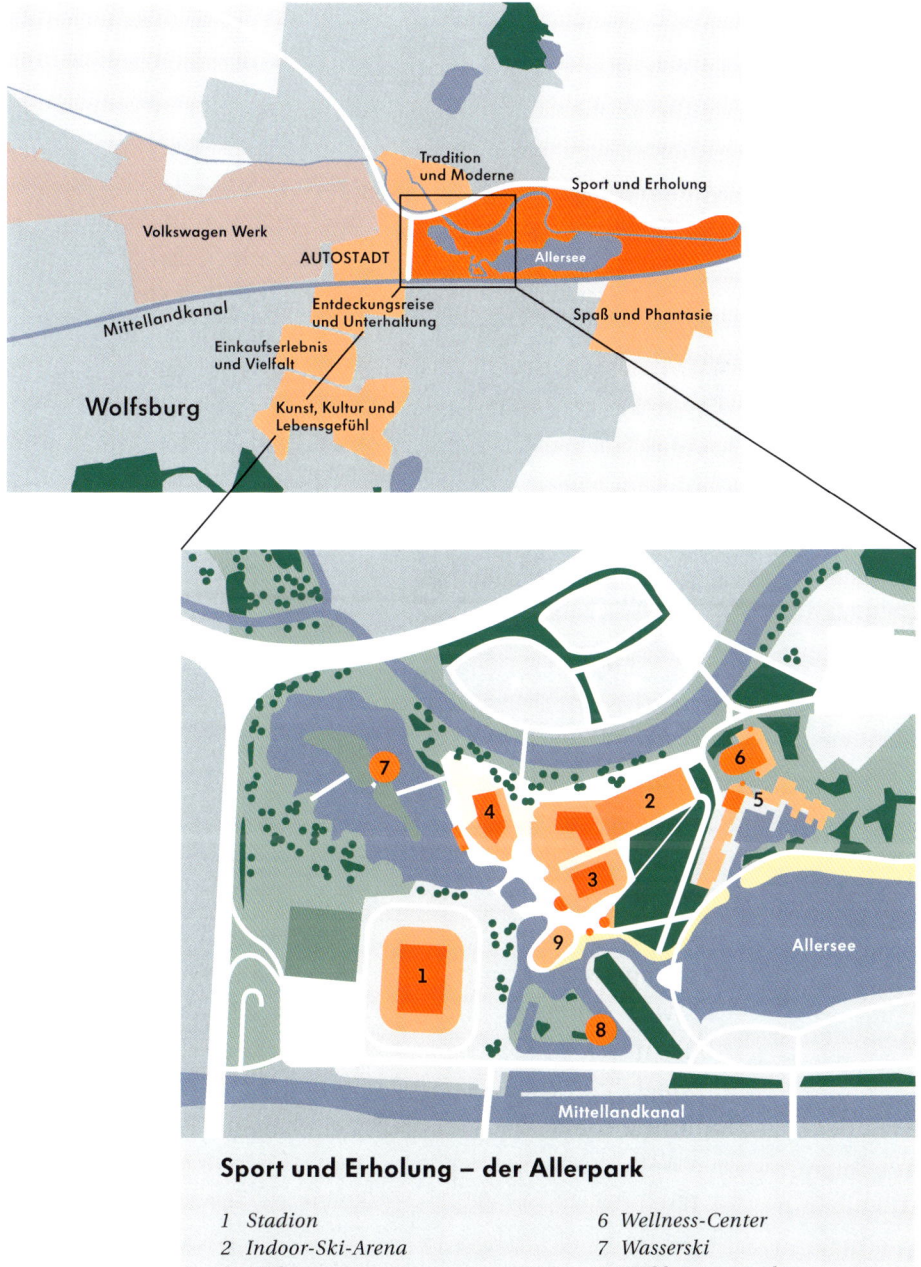

Sport und Erholung – der Allerpark

1 Stadion
2 Indoor-Ski-Arena
3 Multiarena
4 Trend- und Extremsport-Center
5 Feriendorf-Wohnanlage

6 Wellness-Center
7 Wasserski
8 Wildwasserstrecke
9 Erweiterung

ganze Region bieten und den persönlichen Erfahrungshorizont durch atemloses Staunen überschreiten.

Eine solche Stadtentwicklung greift weit über den Abbau von Arbeitslosigkeit hinaus, sie muss von der ganzen Bürgerschaft mitgetragen werden, ändert sich doch langfristig die gesamte Stadt. Auch finanziell setzt es Bindungsbereitschaft voraus. Zur Vision ErlebnisWelt gehört Mut. Mit einem „Disneypark" mehr ist es nicht getan – sich das Unmögliche zu trauen, verlangt von Stadtgemeinschaften wichtige Entscheidungen. Die ersten Schritte sind auch hier getan, die ersten Schritte auf dem Weg, aus Wolfsburg eine Stadt mit großer Zukunft zu gestalten.

PersonalService-Agentur: Wie alles in Beschäftigung umgesetzt wird

Herzstück des Abbaus der Arbeitslosigkeit ist eine neue Form der Zeitarbeits-Gesellschaft. Wie können aus ersten Ansätzen, dem vorsichtigen Tasten neuer Ansiedlungen und Existenzgründungen, vorläufigen Plänen von Investoren für Erlebniselemente und dem unsicheren Wachstum der Region durch mehr Kaufkraft wirkliche, nachhaltige Arbeitsplätze werden? Allen Newcomern sollte in der Region ein unvergleichlicher Service geboten werden: ihnen ihre Mitarbeiter zu suchen, zu trainieren, zu administrieren, zu leihen und bei Nichtbedarf wieder abzunehmen. Gleichzeitig beinhaltet dieser Service den Arbeitslosen gegenüber die Chance, dass sich aus den vielen Möglichkeiten über Zeitarbeit Stück um Stück dauerhafte, langfristige Arbeitsverhältnisse zusammenbringen lassen. Die PersonalServiceAgentur wird so zur Drehscheibe, einerseits dem Arbeitsamt die Arbeitslosen abzunehmen, andererseits Fachexperten in der richtigen Mischung zur Bedarfsdeckung überregional zu rekrutieren. Die Spitzenjobs ziehen dann alle anderen mit. Dienstleistung von morgen erfordert hier viel, denn nur über Trainingsstufen gelingt es, aus einem Langzeitarbeitslosen den aufmerksamen Serviceanbieter zu entwickeln, der es an Freundlichkeit mit jedem Mitarbeiter eines Spitzenhotels aufnehmen kann, obwohl aktuell vielleicht nur der richtige Parkplatz anzuweisen ist.

Die PersonalServiceAgentur der Wolfsburg AG konnte seit Geschäftsaufnahme bereits einen Umsatz von mehreren hundert Millionen Euro erzielen, ein eindrucksvoller Beweis für die Realisierbarkeit des Konzepts. Über 2000 neue Beschäftigungsverhältnisse entstanden im Durchschnitt der letzten zwei Jahre.

Clusterbildung zum Beschäftigungserfolg, von der wichtigsten Kernkompetenz der eigenen Region zum nachhaltigen Wachstum: Das ist eine gestaltbare Aufgabe für viele Städte und Gemeinden. Das Konzept AutoVision ist übertragbar. Ähnliche Ansätze in Kassel, Emden und Hannover unterstreichen das Potenzial – ebenso wie internationale Vorbilder. Job-Maker gesucht – wer vollzieht den ersten Schritt zum Beschäftigungsunternehmer? Die dramatische Veränderung unserer Job-Welt fordert diesen Schritt heraus. Die wenigsten Kommunalverantwortlichen oder Arbeitsmarktverwalter sind darauf vorbereitet. Sie sollten es aber sein, wollen sie nicht zurückfallen oder überrollt werden. Das Know-how für neue Beschäftigung ist vorhanden, es zu ergreifen und wirksam umzusetzen, ist aber die eigentliche Leistung. Es ist die Ameisenpolitik, Arbeitsplatz um Arbeitsplatz einzusammeln, wo es geht. Eine neue Job-Moral benötigen wir: Tabus, Regelungen, Gegenargumente, Ja-Aberer halten sie nicht auf. Workholder sind gefragt: Manager, Mitarbeiter und Meinungsmacher, die sich neue Beschäftigungschancen mit Blick über den Horizont zu eigen machen und statt auf den nächsten Überweisungsbetrag im Gehaltskonto auf die ganze Einkommens- und Lebensperspektive schauen. Für diesen grundlegenden Sichtwechsel benötigt die Weltgesellschaft samt ihrer globalen Unternehmenslandschaft neue verankerte Werte.

Werte

Neue Unternehmenswerte verankern –

der Workholder-Value

Die Arbeitswelt 2010 hat längst begonnen. Wissens-

management wird jede Entfernung überspringen,

IT-Kompetenz noch kürzere Innovationszyklen

gestatten und die Concept Work heutige Teamarbeit

ablösen. Der Begriff Workholder-Value steht für

Beteiligungsformen im Unternehmen, die

Engagement für Wertschöpfungszuwächse fördern

und erzielte Ergebnisse honorieren. Der Wert eines

Beschäftigungsverhältnisses steigt mit seinen

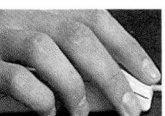

Zukunftsperspektiven. Je höher der Workholder-Value

ausfällt, desto mehr Entwicklungspotenzial gewinnt

auch der Shareholder-Value. Mit ihm wachsen die

Bonität, der Zustrom an Kapital und der Spielraum

zur Finanzierung der Unternehmensstrategie.

Im Zeichen der Globalisierung treten alle Unternehmen in der Weltliga an, ob sie wollen oder nicht. Sie sind Gejagte geworden. Analysten rund um die Welt setzen jede Information, Innovation, Marktveränderung, Gewinnkorrektur oder Zukunftsspekulation sofort in Empfehlungen oder Entscheidungen um: Kaufen oder Verkaufen der Besitztitel. Mit dem Shareholder-Value wachsen Bonität, Kapitalzustrom und Spielraum zur Finanzierung der Unternehmensstrategie. Wenn die Sonne am höchsten steht, geht der Regenschirm am weitesten auf.

Mit der Globalisierung ist aber auch die Transparenz gewachsen. Nicht nur Aktionäre hegen Erwartungen, dass ein Unternehmen nach klaren Regeln etwa der Corporate Governance geführt wird. Die Gesellschaft und die Verbraucher sehen sich als Stakeholder des Unternehmens – als „Interessenhalter". Sie können zwar nicht durch Verkauf der Anteile reagieren, wohl aber durch Nichtkauf der Produkte, durch Nichtzulassung und Nichtzertifizierung in ihrem Land „ihren" Stake abstoßen. Und die Gewerkschaften hoffen – als Stakeholder sozialer Interessen – mit einer Offensive zur Vereinbarung sozialer Mindeststandards zu gelangen, insbesondere durch Verabschiedung einer Sozialcharta das ethische Verhaltensniveau anzuheben und anzugleichen.

Die Globalisierung bietet Entwicklungsräume, sie wirft aber auch lange Schatten. Vielen Menschen stellt sich die Frage, ob das kolonialistische Erbe einer ersten und dritten Welt am Ende in noch größeren Unterschieden zwischen arm und reich wieder auflebt. Gerade deshalb müssen global tätige Unternehmen sich auch daran messen lassen, ob sie zur nachhaltigen Entwicklung einer Region beitragen. Doch hier hat ein wichtiger Wandel gegenüber der Vergangenheit stattgefunden. Die Globalisierung hat gerade frühere Entwicklungsmuster zerstört, als noch ausgemusterte Technologien und Produkte exportiert werden konnten. Die führenden globalen Unternehmen mit ihren Netzwerken sind deshalb heute zumeist Lokomotiven der Kompetenzentwicklung in den Investitionsländern. Ein Beispiel: Im Zuge der Beteiligung von Volkswagen an der tschechischen Traditionsmarke Skoda ent-

standen in Tschechien weitere 91 Joint Venture mit existie-
renden tschechischen Partnern oder als Neugründung auf
der grünen Wiese. Ähnliches gilt für Standorte in Asien, Südafrika und Südamerika. Das Einkommens- und Qualifikati-
onsniveau dieser neuen Unternehmensnetzwerke liegt kurz
nach dem Start der Aktivitäten häufig weit über dem Durchschnitt der Region. Gewinner der Globalisierung gibt es deshalb nicht nur in der „ersten Welt".

Bevölkerungsexplosion und Hunger, Regionalkonflikte
und Kriege verschärfen in vielen Teilen der Welt die Lage
der Menschen. Viele Menschen erwarten deshalb, dass die
Gewinner der Globalisierung mehr Verantwortung für den
Abbau der schlimmsten Not übernehmen, in der Millionen
Menschen unverschuldet leben. Viele Probleme überschreiten
allerdings die Möglichkeiten, die ein einzelnes Unternehmen
mit seinen Belegschaftsvertretungen hat. Die Kreativität und
Hilfe der Staatengemeinschaft müssen auch wachsen. Dennoch können Zeichen gesetzt werden. Der Weltbetriebsrat von
Volkswagen hat in einer weltweiten Aktion zur Solidarität mit
den Ärmsten der Armen aufgerufen, nämlich eine Stunde im
Jahr für Kinder, die auf der Straße leben müssen, zu arbeiten
und zu spenden.

Corporate Social Responsibility

Corporate Social Responsibility ist gefragt, die Verantwortung
nicht länger in Sonntagsreden verbannt. Wir können nicht an
Weihnachten die Unternehmensfamilie weltweit mit „liebe
Mitarbeiterinnen und Mitarbeiter" feiern und dieselben dann
im Januar oder Februar feuern.

Unternehmensleitungen dürfen nicht in ihren Wertvorstel-
lungen – wenn sie glaubhaft und verankert sein sollen – ihre
Belegschaften in Europa anders behandeln als in den USA, in
Südamerika oder Asien. Eine globale Präsenz erfordert eine
neue Definition der Unternehmensverantwortung.

Wir können Verantwortung nicht länger teilen. Wir benötigen ein ganzheitliches Denken. Wirtschaftliche, soziale und
umweltbezogene Aspekte gehören zusammen. Teile des Ge-

schäfts können wir nicht von dieser umfassenden Verantwortung ausschließen. Sicherlich müssen dabei Prioritäten gesetzt werden – bei 320.000 Mitarbeitern aus aller Welt kann sich die Identität eines Unternehmens letztlich nicht mehr auf das, womit alles anfing, gründen.

Unsere Welt der schnellen Information lässt keinen Raum für Ausflüchte. Das globale Dorf reagiert in Sekunden: per Nachricht, per Markt, per Aktie.

Verantwortung schafft ein langfristiges Image – eine Identität der Corporate Social Responsibility. Sie verspricht Zuversicht und erwirkt Zutrauen als Brücke über unruhige Zukünfte.

Viele Ideen wollen entdeckt werden. Die Corporate Social Responsibility wird von zahlreichen Unternehmen, die sich beispielsweise im Netzwerk engagierter Unternehmen gegen soziale Ausgrenzung und Arbeitslosigkeit zusammengeschlossen haben, längst als Verhaltensweise jenseits der Werksgelände und Bürotürme verstanden. 100 Ideen für mehr Beschäftigung hat diese Vereinigung zum „European Business Network for Social Cohesion" als good practise vorgelebt und beispielhaft kommuniziert.

Ein neues Projekt nutzt das Internet als Instrument der Wirtschaftsförderung und Beschäftigungsentwicklung. Niedersachsen helfen Niedersachsen, heißt es da. Oder Saarländer helfen Saarländern. Weltweit sind Menschen unterwegs, ansässig, erfolgreich, neugierig – weit entfernt von ihrer Ursprungsheimat. Das bildet heute längst kein Problem mehr. Über www.nhnfoundation.de oder www.shsfoundation.de können überall in der Welt Sympathiekreise mobilisiert werden. Die „Ehemaligen" können über Internet zurück in ihre Heimat, ihren Ort und ihr Umfeld blicken. Was steht jeden Tag im Heimatblatt, welche Informationen oder Dienste und Produkte aus der Heimat kann ich anfordern, wer von meinen Bekannten ist wie erreichbar? Letztlich können Geschäftsbeziehungen angebahnt und neue Netzwerke begründet werden – alles per Internet. In der Zeit zusammenwachsender Märkte und der einheitlichen Währung in Europa müssen sich die Regionen modern präsentieren und ihre Plattform bilden. Das

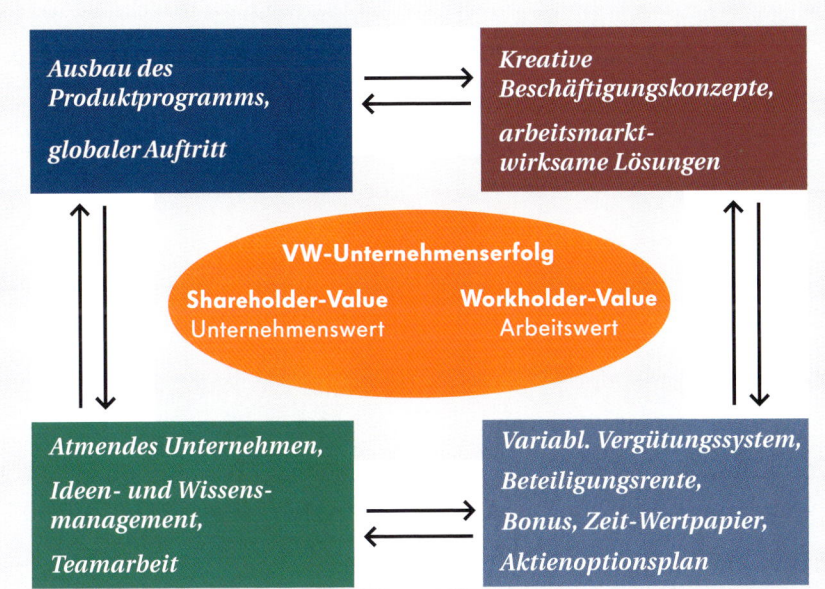

Internet wird emotionalisiert. Das Saarland kann von Blume-
nau in Brasilien über Edmonton in Kanada bis nach Saarbrücken eine Netzwerk-Party feiern. Das global village entsteht –
ohne dass Lokalkolorit verloren geht.

Neudefinition des „sozialen" Unternehmens

Corporate Social Responsibility verlangt gerade nicht den
Fürsorgegedanken zum blinden sozialen Sponsoring nach
innen und außen. Es wäre geradezu falsch, hier ein neues
Marketingfeld zu definieren. Humane Lösungen gewinnen
nur Glaubwürdigkeit, wenn das Ringen um sie zum Selbstverständnis gehört – ein aufgesetztes Programm überzeugt
niemanden mehr. Als Marketing-Clou versagt es. Denn das
Soziale musste den Wandel vom Grundverständnis paternalis-
tischer Fürsorge hin zu selbstbewusster Mündigkeit mitvoll-
ziehen.

Sozial ist heute das Unternehmen, das seine Mitarbeiter und Mitarbeiterinnen als Mitunternehmer ernst nimmt und ihnen Möglichkeiten bietet, über aktive Beteiligung und direkte Wertschöpfung zur Zukunftsfähigkeit eines Unternehmens und seiner sozialen Spielräume selbst beizutragen.

Sozial ist heute das Unternehmen, das die Entwicklung von Beschäftigbarkeit ermöglicht – und Beschäftigung dann auch anbietet. Denn: Zukunftsfähigkeit ohne Beschäftigungsmöglichkeit führt schließlich auch in die Sackgasse.

Die drei Achsen der Zukunft werden viel fordern. Wissensmanagement wird jede Entfernung überspringen und die direkt Handelnden zu den entscheidenden Themen zusammenführen. IT-Kompetenz wird an Geschwindigkeit zulegen, die Lernkurven und die Innovation in den Geschäftsprozessen noch einmal steigern. Jenseits heutiger Teamarbeit wird die Concept Work beginnen – das virtuelle Zelt der Spitzenleute, um den nächsten Vorstoß unter Haut und Hirn des Kunden, die nächste Dimension der Qualität zu tunen und zu timen.

Gelingt es immer wieder, die „human resources" als Potenziale der Mitarbeiter und Mitarbeiterinnen freizusetzen und auf die Unternehmensziele zu fokussieren, dann kann auch reagiert und agiert werden. Erfolg und soziales Verhalten, Wettbewerbsfähigkeit und Beschäftigbarkeit, moderne, marktorientierte Führung und engagierte Beteiligung bis zum Co-Management der Mitarbeiter fügen sich zu einem neuen Modell europäischer Unternehmensform zusammen. Hier liegt eine entscheidende Perspektive in der Weltgesellschaft von morgen. Gelingt es nämlich, die Job Revolution mit ihren neuen Chancen und Wegen früher zu verstehen und zu begehen, könnten gerade europäische Unternehmen in der Tradition individualisierter Lebensstile Trendsetter und Benchbreaker werden.

Wir haben diese Ansätze unter dem Begriff des Workholder-Value entwickelt und bezeichnen damit die Zusammenführung aller Beteiligungsformen im Unternehmen, die Engagement für mehr Wertschöpfung fördern und erzielte Ergebnisse honorieren. Workholder-Value – das ist der Wert, den das Management und die Mitarbeiter ihrer Zukunft im Unter-

Die Charakterisierung des Workholder-Value

Shareholder-Value	Workholder-Value	Stakeholder-Value	
Gewinnerwartung	*Erfolg am Markt*	*Nutzen für alle*	**Ziele**
Steigerung Unternehmenswert	*Steigerung Wertschöpfung*	*Höhere Umfeldakzeptanz*	**Ergebnisse**
Eigentümer/ Aktionär	*Unternehmer/ Belegschaft*	*Gesellschaftliche Interessengruppen*	**Akteur**
Hauptversammlung/ Aufsichtsrat	*Management/ Mitarbeiterbeteiligung*	*Öffentlichkeit/ Politik*	**Entscheidungs- träger**
Manager als „verlängerter Arm" der Eigentümer	*Manager als Promotor*	*Manager als „Treuhänder"*	**Rolle des Managements**
Verkauf der Aktie	*Existenzgefährdung/ Liquidation*	*Ausweichen auf andere Unternehmen/Produkte staatliche Vorgaben*	**Reaktion bei Nichtbeachtung**

nehmen beimessen, dem Unternehmenserfolg insgesamt und damit auch ihren persönlichen Einkommens- und Beschäftigungschancen über ihr ganzes Arbeitsleben.

Workholder-Value steigert Shareholder-Value

Je höher der Workholder-Value ist, umso höher muss tendenziell auch der Shareholder-Value sein, der über den physischen und monetären Unternehmenswert hinaus die Problemlösungs- und Entwicklungsfähigkeit des Unternehmens insgesamt widerspiegelt. Auch Aktienwerte basieren zu einem erheblichen und wachsenden Teil auf dem Glauben in das Humanvermögen eines Unternehmens, auf seinem Wissens- und Kompetenzkapital. Soziale Verantwortung ist damit über die paternalistischen und fürsorgerischen Ansätze aus den 50er und 60er Jahren hinaus längst zu einem integralen Teil einer modernen Unternehmensführung geworden. Nur im Alltagsverhalten verankerte Werte zählen.

Die Job Revolution zwingt zu neuen Orientierungen: Weder die aktuelle Tätigkeit noch der Beruf, weder Einkommensgarantien und Tarifverträge noch bisherige Erfolge und Spitzenleistungen bieten Halt. Menschen finden ihn immer weniger in vorhandenen Zusagen und Zuständen. Mit dem Workholder-Value verbinden wir den Aufruf zu einem anderen Selbstverständnis. Es ist die Mündigkeit, das eigene Schicksal als Job-Maker, als Unternehmer in die Hand zu nehmen. Nur wer selbst darüber nachdenkt und die Debatte, was heute geschehen muss, um morgen noch mit einem guten Job im Geschäft zu bleiben, mit anderen aufnimmt, zeigt Verantwortung und versteht sich als Inhaber und Bewahrer des künftigen Arbeitswertes. Und darauf kommt es an – die Evidenz ist überwältigend, die Resistenz allerdings auch noch.

Nehmen wir die Herausforderung an! Wir müssen begreifen, dass um uns herum wirkliche Veränderungen geschehen. Die jüngere Generation wird uns fragen, ob wir zu wirklich Neuem bereit sind. Es geht um Visionen und Vorschläge. Die Arbeitswelt 2010 hat längst begonnen. Die einzige Frage ist: Sind wir und unsere Kinder noch dabei?

Hans Küng (Hrsg.)

**Globale
Unternehmen –
globales Ethos**

*Der globale Markt
erfordert neue
Standards und eine
globale Rahmen-
ordnung*

*2001, 195 Seiten,
kartoniert
ISBN 3-89843-066-9*

Jürgen Fuchs

Denk@nstöße

*Wie das Internet unsere
Welt verändert*

*2001, 228 Seiten,
Hardcover
ISBN 3-89843-052-9*

Alexander Christiani

**Magnet-
Marketing**

*Erfolgsregeln für die
Märkte der Zukunft*

*2001, 304 Seiten,
Hardcover,
ISBN 3-89843-055-3*

Hans-Peter Wild

Capri-Sonne

*Faszination
einer Weltmarke*

*2001, 176 Seiten mit
4-farbigen Abbildungen,
Hardcover
ISBN 3-89843-036-7*

Ursula Schneider

**Die 7 Todsünden
im Wissens-
management**

*Kardinaltugenden für die
Wissensökonomie*

*2001, 152 Seiten,
Hardcover,
ISBN 3-89843-043-X*

Matthias Hirzel
Peter Wollmann (Hrsg.)

**Mit Selbst-
steuerung
Performance
steigern**

*So sichern Sie
die Wettbewerbsfähigkeit
Ihrer Organisation*

*2000, 200 Seiten,
Hardcover,
ISBN 3-933180-72-4*

Bestell-Fax: ++69/75 91-21 87, Buchshop: www.fazbuch.de

Frankfurter Allgemeine Buch